—— 乡村振兴特色优势产业培育工程丛书 ——

中国南疆核桃产业发展蓝皮书

（2023）

中国乡村发展志愿服务促进会 组织编写

中国出版集团
研究出版社

图书在版编目 (CIP) 数据

中国南疆核桃产业发展蓝皮书. 2023 / 中国乡村发展志愿服务促进会组织编写. —— 北京 : 研究出版社，2024.7

ISBN 978-7-5199-1683-1

Ⅰ. ①中… Ⅱ. ①中… Ⅲ. ①核桃 – 果树业 – 产业发展 – 研究报告 – 新疆 Ⅳ. ①F326.13

中国国家版本馆CIP数据核字 (2024) 第110853号

出　品　人：陈建军
出版统筹：丁　波
责任编辑：范存刚

中国南疆核桃产业发展蓝皮书（2023）

ZHONGGUO NANJIANG HETAO CHANYE FAZHAN LANPI SHU (2023)

中国乡村发展志愿服务促进会　组织编写

研究出版社 出版发行

（100006　北京市东城区灯市口大街100号华腾商务楼）

北京建宏印刷有限公司印刷　新华书店经销

2024年7月第1版　2024年7月第1次印刷

开本：710毫米×1000毫米　1/16　印张：14

字数：221千字

ISBN 978-7-5199-1683-1　定价：58.00元

电话（010）64217619　64217652（发行部）

本书编写人员

主　　编：陈永浩

副 主 编：杨莉玲　虎海防　张　锐　毛晓英　王世伟
　　　　　齐建勋

编写人员：（按姓氏笔画排序）

　　　　　王　强　白永超　孙俪娜　李亚兰　李明昆

　　　　　宋晓波　张翠芳　张赟齐　杨忠强　周　晔

　　　　　高敬铭　崔宽波　韩立群　裴函哲

本书评审专家
（按姓氏笔画排序）

王祖明　王瑞元　孙宝忠　张忠涛　金　旻

赵世华　相　海　饶国栋　裴　东

编写说明

习近平总书记十分关心乡村特色优势产业的发展，作出一系列重要指示。2022年7月，习近平总书记在新疆考察时指出，要加快经济高质量发展，培育壮大特色优势产业，增强吸纳就业能力。2022年10月，习近平总书记在陕西考察时强调，产业振兴是乡村振兴的重中之重，要坚持精准发力，立足特色资源，关注市场需求，发展优势产业，促进一二三产业融合发展，更多更好惠及农村农民。2023年4月，习近平总书记在广东考察时要求，发展特色产业是实现乡村振兴的重要途径，要着力做好"土特产"文章，以产业振兴促进乡村全面振兴。党的二十大报告指出，发展乡村特色产业，拓宽农民增收致富渠道。巩固拓展脱贫攻坚成果，增强脱贫地区和脱贫群众内生发展动力。

为贯彻落实习近平总书记的重要指示和党的二十大精神，围绕"国之大者"，按照确保重要农产品供给和树立大食物观的要求，中国乡村发展志愿服务促进会认真总结脱贫攻坚期间产业扶贫经验，启动实施"乡村特色优势产业培育工程"，选择油茶、核桃、油橄榄、杂交构树、酿酒葡萄，青藏高原青稞、牦牛，新疆南疆核桃、红枣9个特色优势产业进行重点培育。这9个产业，都事关国计民生，经过多年的努力特别是脱贫攻坚期间的工作，具备了加快发展的基础和条件，不失时机地促进实现高质量发展，不仅是必要的，而且是可行的。中国乡村发展志愿服务促进会动员和聚合社会力量，促进发展木本油料，向山地要油料，加快补齐粮棉油中"油"的短板，是国之大者。促进发展核桃、杂交构树等，向植物要蛋白，加快补齐肉蛋奶中"奶"的短板，是国之大者。发展青藏高原青稞、牦牛和新疆南疆核桃、红枣，加快发展西北地区葡萄酒产业，是脱贫地区巩固拓展脱贫攻坚成果和实现乡村产业振兴的需要，也是实现农民特别是脱贫群众增收的重要措施。通过培育重点企业、强化科技支撑、扩大市场销售、对接金融资源、发布蓝皮书等工作，服务和促进9个特色优势产业加快发展，努力实现农民增收、企业盈利、消费者受益的目标。

发布蓝皮书是培育工程的一项重要内容，也是一项新的工作。旨在普及产业知识，记录产业发展轨迹，反映产业状况，推广良种良法，介绍全产业链开发的经验做法，对产业发展进行预测和展望。营造产业发展的良好社会氛围，加快实现高质量发展。2023年蓝皮书的出版发行，得到了社会各界的广泛认可，并被有关部门列入"乡村振兴好书荐读"书目。

2024年，为进一步提高蓝皮书的编撰质量，使其更具知识性、史料性、权威性，促进会提早着手、统筹谋划，统一编写思想和体例，提出数据采集要求，召开了编写提纲讨论会、编写调度会、专家评审研讨会等。经过半年多努力，现付梓面世。丛书的出版发行，得到了各方面的大力支持。我们诚挚感谢所有参加蓝皮书编写的人员及支持单位，感谢在百忙之中参加评审的专家，感谢为丛书出版提供支持的出版社和编辑。虽然是第二年编写蓝皮书，但因为对有些产业发展的最新数据掌握不全，加之水平有限，谬误在所难免，欢迎广大读者批评指正。

2024年4月23日，习近平总书记在重庆主持召开的新时代推动西部大开发座谈会上强调，要坚持把发展特色优势产业作为主攻方向，因地制宜发展新兴产业，加快西部地区产业转型升级。习近平总书记的重要指示，进一步坚定了我们继续编写特色产业蓝皮书的决心和信心。下一步，我们将认真学习贯彻习近平总书记重要指示精神，密切跟踪九大特色产业发展轨迹，关注分析国内外相关情况，加强编写队伍，争取把本丛书做精做好，做成品牌。

丛书编委会
2024年5月

代　序

乡村振兴特色优势产业培育工程实施方案

中国乡村发展志愿服务促进会

2022年7月11日

　　民族要复兴，乡村必振兴。脱贫攻坚任务胜利完成以后，"三农"工作重心历史性转到全面推进乡村振兴。为贯彻落实习近平总书记关于粮食安全的重要指示精神，落实《国家乡村振兴局 民政部关于印发〈社会组织助力乡村振兴专项行动方案〉的通知》（国乡振发〔2022〕5号）要求，中国乡村发展志愿服务促进会（以下简称促进会）认真总结脱贫攻坚期间产业扶贫经验，选择油茶、油橄榄、核桃、酿酒葡萄、杂交构树，青藏高原青稞、牦牛，新疆南疆核桃、红枣9个特色优势产业进行重点培育，编制《乡村振兴特色优势产业培育工程实施方案》（以下简称《实施方案》）。

一、总体要求

（一）指导思想

　　以习近平新时代中国特色社会主义思想为指导，全面贯彻习近平总书记关于"三农"工作的重要论述，立足新发展阶段，贯彻新发展理念，构建新发展格局，落实高质量发展要求。按照乡村要振兴、产业必先行的理念，坚持"大

1

食物观"，立足不与粮争地，坚守18亿亩耕地红线，本着向山地要油料、向构树要蛋白的思路，加快补齐粮棉油中"油"的短板、肉蛋奶中"奶"的短板，持续推进乡村振兴特色优势产业培育工程。立足帮助优质农产品出村进城，不断丰富市民的"米袋子""菜篮子""果盘子""油瓶子"，鼓起脱贫地区人民群众的"钱袋子"。立足推动农业高质高效、乡村宜居宜业、农民富裕富足，为全面推进乡村振兴、加快农业农村现代化提供有力支撑。

（二）基本原则

——坚持政策引导，龙头带动。以政策支持为前提，积极为产业发展和参与企业争取政策支持。尊重市场规律，发挥市场主体作用，择优扶持龙头企业做大做强，充分发挥龙头企业的示范带动作用。

——坚持突出重点，分类实施。突出深度脱贫地区，遴选基础条件好、带动能力强的企业，进行重点培育。按照"分产业、分区域、分重点"原则，积极推进全产业链发展。

——坚持科技支撑，金融助力。加强对特色优势产业发展的科研攻关、科技赋能作用，促进科研成果及时转化。对接金融政策，促进企业不断增强研发能力、生产能力、销售能力。

——坚持行业指导，社会参与。充分发挥行业协会指导、沟通、协调、监督作用，帮助企业加快发展，实施行业规范自律。充分调动社会各方广泛参与，"各炒一盘菜，共办一桌席"，共同助力产业发展。

——坚持高质量发展，增收富民。坚持"绿水青山就是金山银山"理念，帮助企业转变生产方式，按照高质量发展要求，促进产业发展、企业增效、农民增收、生态增值。

（三）主要目标

对标对表国家"十四五"规划和2035年远景目标纲要，设定到2025年、2035年两个阶段目标。

——到2025年，布局特色优势产业培育工程，先行试点，以点带面，实现突破性进展，取得明显成效。完成9个特色优势产业种养适生区的划定，推广"良种良法"，建设一批生产基地。培育一批龙头企业、专业合作社和家庭农场等市场主体，建立重点帮扶企业库，发挥引领带动作用。聘请一批知名专家，建立专家库，做好科技支撑服务工作。培养一批生产、销售和管理人才，增强市场主体内生动力，促进形成联农带农富农的帮扶机制。

——到2035年，特色优势产业培育工程形成产业规模，实现高质量发展。品种和产品研发取得重大突破，拥有多个高产优质品种和市场占有率高的产品。种养规模与市场需求相适应，加工技术不断创新，产品质量明显提升，销售盈利能力不断拓展，品牌影响力明显增强。拥有一批品种和产品研发专家，一批产业发展领军人才和产业致富带头人，一批社会化服务专业人才。市场主体发展壮大，实现一批企业上市。联农带农富农帮扶机制更加稳固，为共同富裕添砖加瓦，作出积极贡献。

二、重点工作

围绕特色优势产业培育工程目标，以"培育重点企业、建立专家库、实施消费帮、搭建资金池、发布蓝皮书"为抓手，根据帮扶地区自然禀赋和产业基础条件，做好五项重点工作。

（一）培育重点企业

围绕中西部地区，特别是三区三州和乡村振兴重点帮扶县，按照全产业链发展的思路遴选一批产业基础好、发展潜力大、创新能力强的企业，建立重点帮扶企业库，作为重点进行培育。对有条件的龙头企业，按照上市公司要求和现代企业制度，从政策对接、金融支持、消费帮扶等方面进行重点培育，条件成熟的推荐上市。

（二）强化科技支撑

遴选一批品种研发、产品开发、技术推广、工艺研究等方面的专家，建立专家库，有针对性地对制约产业发展的"卡脖子"技术难题进行联合攻关。为企业量身研发、培育种子种苗，用"良种良法"助力企业扩大种养规模。加强产品研发攻关，提高产品品质和市场竞争力。充分发挥企业家在技术创新中的重要作用,鼓励企业加大研发投入,承接和转化科研单位研究成果,搞好技术设备更新改造,强化科技赋能作用。

（三）扩大市场销售

帮助企业进行帮扶产品认定认证,给帮扶地区产品提供"身份证",引导销售。利用促进会"帮扶网""三馆一柜"等平台和载体,采取线上线下多种方式销售。通过专题研讨、案例推介等形式,开展活动营销。通过每年发布蓝皮书活动,帮助企业扩大影响,唱响品牌,进行品牌销售。

（四）对接金融资源

帮助企业对接国有金融机构、民营投资机构,引导多类资金对特色优势产业培育工程进行投资、贷款,支持发展。积极与有关产业资本合作,按照国家政策规定,推进设立特色优势产业发展基金,支持相关产业发展。利用国家有关上市绿色通道,帮扶企业上市融资。

（五）发布蓝皮书

组织专家编写分产业的特色优势产业发展蓝皮书。做好产业发展资料收集、整理、分析工作,加强国内外发展情况对比分析,在总结分析和深入研究的基础上,按照蓝皮书的基本要求组织编写,每年6月前对外发布上一年度产业发展蓝皮书。

三、保障措施

（一）组建项目组

促进会成立项目组,制定《实施方案》并组织实施。项目组动员组织专家、企业家和有关单位,分别成立9个项目工作组,制定产业发展实施方案并组织实施。做好产业发展年度总结,编写好分产业特色优势产业发展蓝皮书。

（二）争取政策支持

帮助重点龙头企业对接国家有关产业政策、产业发展项目。协调相关部门,加大帮扶工作力度,争取将脱贫地区重点龙头企业的产业发展规划纳入国家有关部门和有关地区的专项发展规划并给予支持。争取各类金融机构对重点帮扶龙头企业给予贷款、融资优惠,助力重点帮扶企业加快发展。

(三)坚持典型引领

选择一批资源禀赋好、发展潜力大、市场前景广的种养基地作为示范种养典型,选择一批加工能力精深、技术先进、效益良好的龙头企业作为产品加工示范典型,选择一批增收增效、联农带农富农机制好的市场主体作为联农带农富农典型。通过典型示范,引领特色优势产业培育工程加快发展。

(四)搞好社会动员

建立激励机制,让热心参与特色优势产业发展的单位和个人政治上有荣誉、事业上有发展、社会上受尊重、经济上有效益。加强宣传工作,充分运用电视、网络等多种媒体,加大舆论宣传推广力度,营造助力特色优势产业培育工程的良好社会氛围。招募志愿者,创造条件让志愿者积极参与特色优势产业培育工程。

(五)加强协调促进

充分利用促进会在脱贫攻坚阶段取得的产业发展经验和社会影响力,协调脱贫地区龙头企业对接产业政策,动员产业专家参与企业技术升级和产品研发,衔接金融资源帮助企业解决资金难题。发挥行业协会的积极作用,按照公开、透明、规范要求,帮助企业规范运行,自我约束,健康发展。

四、组织实施

(一)规范运行

在促进会的统一领导下,项目组和项目工作组根据职责分工,努力推进9个特色优势产业培育工程实施。项目组要根据产业特点组织制定专家库、重点帮扶企业库的建设与管理办法、产业发展培育项目管理办法,包括金融支持、消费帮扶、评估评价等办法,做好项目具体实施工作。

(二)宣传发动

以全媒体宣传为主,充分发挥新媒体优势,不断为特色优势产业培育工程实施营造良好的政策环境、舆论环境、市场环境,让企业家专心生产经营。宣传动员社会各方力量，为特色优势产业培育工程建言献策。

（三）评估评价

发动市场主体进行自我评价，通过第三方调查等办法进行社会评价。特色优势产业培育工程项目组组织有关专家、行业协会、企业代表，对9个特色优势产业发展情况、市场主体进行专项评价。在此基础上，进行评估评价，形成特色优势产业发展年度评价报告。

CONTENTS | 目录

第二章

南疆核桃产业发展外部环境 / 049

第三章
南疆核桃产业发展重点区域 / 085

第四章

南疆核桃产业发展典型企业 / 107

第五章

南疆核桃产业发展的代表性产品/品牌 / 129

第六章
南疆核桃产业发展效益评价 / 147

第七章

南疆核桃产业发展存在的问题与对策 / 165

绪 论

　　新疆是世界六大果品生产基地之一，也是我国重要的商品核桃生产基地。核桃在新疆有2000多年的栽培历史，现为新疆第一大林果树种。截至2022年末，新疆核桃种植总面积约为636万亩，总产量为127.22万吨，较上一年增加6.29%。新疆仅用全国5.9%的核桃种植面积，提供了全国21.4%的核桃产量，充分彰显了新疆核桃的区域优势。

　　新疆核桃主要分布在南疆地区。南疆地区独特的气候特点和光热条件，有利于核桃营养积累，生产出的核桃品质优良。与内地核桃种植在山区、丘陵地区不同，南疆核桃基本种植在绿洲内部立地条件较好的耕地农田，多以建园模式种植，具有土壤条件好、灌溉有保障、防护林完备、交通管理便利等诸多有利因素。南疆地区的核桃凭借早实、丰产、皮薄、出仁率高等诸多优点在国内外享有盛誉。

　　作为我国"三区三州"之一，南疆地区既是新疆巩固脱贫攻坚成果的主战场，也是推进乡村振兴的战略高地。南疆核桃在区域经济发展中具有独特的优势和较强的发展基础。位于南疆地区的三大核桃主产区阿克苏、喀什、和田，其核桃种植面积约占全疆核桃总面积的95.1%。2022年南疆地区核桃产量约占全疆的96.5%，面积超过10万亩的县（市）有19个。南疆地区形成了以阿克苏地区为核心的新黄金产业核心带，喀什地区的黄金产业潜力带和和田地区的黄金产业支撑带，800余万人以核桃生产、种植为主要经济来源，其中温宿、叶城等区域的核桃收入占农民纯收入的40%以上，核桃产业已成为南疆多个区域和县（市）的特色主导产业，为带动地方经济发展、助推乡村振兴发挥了重要作用。

中国乡村发展志愿服务促进会（以下简称促进会）高度关注我国南疆核桃产业发展，于2023年发布了《中国南疆核桃产业发展蓝皮书（2022）》，为南疆核桃产业发展问诊把脉，力图全面、准确把握产业存在的问题，提出引领产业健康发展的对策建议。在此基础上，促进会精心策划组织了《中国南疆核桃产业发展蓝皮书（2023）》的编写工作，更加详尽地展示南疆核桃产业发展图景，通过数据和案例记录产业发展进程，旨在系统掌握我国南疆地区核桃产业发展的基本面和最新动态，探讨我国南疆核桃产业健康发展的路径与方法，从而推动我国南疆核桃产业高质量发展，助推南疆经济发展和乡村振兴。

为了更加全面地了解南疆核桃种植、加工、销售全产业链情况，及时发现、解决产业发展中存在的问题和难点，记录南疆核桃产业发展新动向，促进会多次召开研讨会，组建了蓝皮书撰写组。蓝皮书撰写组专家来自疆内外科研院所、高校、林草局系统以及核桃加工头部企业，对南疆核桃产业情况较为了解，掌握南疆核桃产业发展的一手数据。促进会于2023年两次组织撰写组专家集中到南疆地区调研产业发展情况，对核桃种植、栽培技术、加工产品及销售情况进行深入走访，了解产业动向。一些撰写组专家同时也承担着国家和新疆维吾尔自治区核桃产业相关的重点研发项目，多次到南疆各地深入调研。因此，《中国南疆核桃产业发展蓝皮书（2023）》的内容将更加贴近产业发展实际，更加深入反映产业中存在的问题，更加精准地提出南疆核桃产业高质量发展的重点方向和战略举措。

《中国南疆核桃产业发展蓝皮书（2023）》与上年度蓝皮书相比，在框架结构上略作调整，共分为八部分：绪论；第一章，主要从种植、加工、销售、从业人员等维度介绍南疆核桃产业发展的基本情况；第二章，主要从政策环境、技术环境、市场需求和国内区域对比等角度介绍南疆核桃产业发展的外部环境；第三章至第五章，从南疆核桃产业发展的重点区域、典型企业、代表性产品/品牌等方面进一步聚焦，反映产业现状，介绍全产业链开发的经验做法，并在每一章的最后一节专门讨论产业发展现状带来的启示；第六章，从国内行业发展引领、区域经济发展、农民就业增收和促进科技进步等方面对南疆核桃产业发展带来的效益进行评价；第七章，对南疆核桃产业存在的主要问题进行分析，提出产业发展趋势与对策。

第一章

南疆核桃产业发展
基本情况

近年来，作为新疆农业经济发展的重要动力与经济增长亮点之一，核桃产业发展得到了自治区政府的高度重视和大力支持，核桃等林果业提质增效工程建设收到实效。南疆地区在核桃品种选育、栽培技术、精深加工与市场培育等方面都有了较大提升。本章将从种植区域分布、品种与栽培模式、农艺农机融合发展、种植基地建设等方面介绍南疆核桃种植业的发展动态；从加工企业规模与现状、加工企业的优势和特点、主要加工产品、加工设备与技术等方面分析南疆核桃加工业的新动态和发展现状；从传统销售渠道和销售模式、品牌建设和进出口贸易等不同维度分析南疆核桃产品的营销情况，并对南疆核桃从业人员情况进行介绍。

第一节　南疆核桃种植情况

一、种植区域分布

截至2023年底，阿克苏地区核桃种植面积为265.48万亩，核桃品种以'温185''新新2''扎343'等品种为主，面积、产量、产值均居全疆首位。阿克苏地区种植'温185'达到157.22万亩，占总面积的59.2%；'新新2'达到67.01万亩，占总面积的25.2%；'扎343'达到21.13万亩，占总面积的8.0%。

和田地区核桃种植面积为173.07万亩，和田地区的墨玉县、和田县、洛浦县等核桃种植迅速发展，已成为新疆核桃的主产区。核桃品种以'扎343'和'新丰'两个品种为主。和田地区'新丰'种植面积达到73.03万亩，占总面积的42.20%；'扎343'达到68.89万亩，占总面积的39.80%；'新新2'达到3.59万亩，占总面积的2.07%；'温185'达到6.34万亩，占总面积的3.66%。

喀什地区核桃面积为179.28万亩，主要分布于叶尔羌河流域的叶城县、泽普县、莎车县、麦盖提县、巴楚县、疏附县、疏勒县等。全区核桃良种率可达85%以上，主栽品种为'新丰''扎343''温185''新新2'等。喀什地区'温185'种植面积达到60.06万亩，占总面积的33.5%；'新丰'45.56万亩，占总面积的25.41%；'扎343'39.17万亩，占总面积的21.85%；'新新2'19.51万亩，占总面积的10.88%；其他品种栽培面积14.98万亩，占总面积的8.36%。

2023年南疆核桃区域种植面积与产量分布情况，见表1-1。

表1-1 2023年南疆核桃区域种植面积与产量情况表

省份	地市/州名称	面积（万亩）	产量（万吨）	各县/市名称	面积（万亩）	产量（万吨）
新疆	阿克苏地区	265.48	64.37	温宿县	84.6	20.99
				阿克苏市	33.41	6.47
				乌什县	32.74	8.18
				库车市	29.58	4.57
				新和县	29.33	6.43
				沙雅县	17.31	4.53
				阿瓦提县	16.23	4.48
				红旗坡农场	12.6	2.52
	和田地区	173.07	29.78	墨玉县	40.66	7.36
				和田县	26.55	4.61
				洛浦县	22.58	3.83
				皮山县	21.52	3.60
				于田县	18.81	2.63
				策勒县	12.76	1.60
	喀什地区	179.28	34.42	叶城县	64.21	13.68
				泽普县	33.97	7.12
				巴楚县	21.58	3.1
				莎车县	17.72	3.96
				麦盖提	15.26	2.73
				疏附县	13.53	2.48

注：10万亩以上县（市）。

二、品种与栽培模式

（一）南疆核桃主栽品种及良种化栽培

新疆核桃通过良种审定的有30余个，目前南疆地区的主栽品种有'温185''新新2''扎343''新丰'和'新早丰'。

'温185'核桃果实成熟期较早，约在8月末成熟，坚果呈圆形或长圆形，单果重10—14g，壳厚为0.8—1.1mm，出仁率高达60%，核仁充实饱满，乳黄色，味香，果壳圆亮，内褶壁退化，且易取整仁。'温185'在平均出仁率和平均含油率方面具有较大优势，平均出仁率远高于国内其他主栽品种。与美国品种'强特勒'相比，'温185'在单果重、出仁率、果面美观程度等方面均有优势：'温185'单粒重平均为15g，'强特勒'平均为11.2g，较'强特勒'重3.8g；'温185'出仁率相对较高，出仁率为65.9%左右，而'强特勒'为56.3%左右；'温185'壳厚为0.8mm，比'强特勒'壳更薄，并且坚果表面较'强特勒'光滑。

'新新2'核桃呈长圆形，单果重11—15g，壳面光滑，壳厚为1.2—1.5mm，出仁率0—55%，果仁饱满，色浅，味香，坚果品质优良。

'扎343'核桃坚果呈椭圆形或卵形，壳面淡褐色，光滑美观，平均单果重12—15g，壳厚为1.2—1.5mm，出仁率51.8%，取仁易，可取整仁，果仁饱满，味香，口感细腻，适宜在肥水条件较好的地方栽植。

'新丰'品种的成熟期为9月中上旬，果实呈短圆形，核桃壳比较光滑，单果重为14—16g，壳厚约为1.3mm。

'新早丰'核桃较抗寒、耐旱，抗病性强，丰产性好，坚果呈椭圆形，单果重13—15g，壳面光滑，壳厚为1.23mm，出仁率51%—55%，核仁饱满色浅，味香。

近年来，在传统优势品种的基础上，在育种目标中突出高品质特征逐渐凸显，以涩味淡、低单宁、种皮种仁白色、高油脂含量、中壳厚度适中、丰产、早实、早熟等突出优异性状特征较显著。新疆林科院等多家单位获批'新叶1号''新和1号''墨宝''新辉''新盛'等新品种授权。新品种的共同特点是外观商品性好、核仁香甜、缝合线紧,非常适合原味生食。

经过多年生产实践与市场检验,南疆地区目前形成了以阿克苏地区'温185'+'新新2'、喀什和和田地区'扎343'+'新丰'为代表的两套主栽体系。两套主栽体系均属于早实核桃,其进入发育成熟期早且具有很强的连续结实能力,早实丰产,使得种植园能尽早获得收益。'温185'+'新新2'小冠丰产,被认为适合于园式集约化栽培,盛果期亩产可高于300kg(创高产可达550kg);'扎343'+'新丰'树势较强,树冠较大,被认为适合于林农间作栽培,盛果期亩产可高于250kg。新疆是全国最早形成主栽品种并大规模在生产中应用的地区,而且也是在全国范围内最先推行良种化和良种化率最高的地区,良种化率超过95%,基本实现核桃品种化栽植。新疆核桃之所以享誉全国并占有很大份额,不仅仅是自然环境与生产条件方面的优势,更是良好的品种性状打下的坚实基础。

(二)栽培模式

南疆核桃生产以建园式模式和农林间作栽培模式为主。株行距(3—8)米×(5—12)米,亩株数为44—9棵。修剪以人工修剪为主,缺乏标准化。灌溉以漫灌为主,施肥管理以开沟施肥、厩肥施肥、堆沤绿肥等模式为主,各地区间施肥差异较大。阿克苏地区从2018年开始,间作绿肥油菜,年均推广面积超过100万亩,皆在开展绿肥堆沤,形成秋季基肥,以达到绿色生产目标。

新型生产技术相关研究为南疆核桃栽培模式优化做出新探索。各生产区以简约、矮化、省力栽培模式及品质提升技术的优化与示范为核心进行生产示范。重点开展土壤生物途径改良、水肥精准施用和一体化技术研究与应用;生物防治及绿色防控模式的筛选;配套适于南疆林果简约省力化栽培的机械装备;数字化技术与轻简栽培技术相结合,搭建"林果大数据"管理平台,集成数字水肥系统和环境感知与控制系统,实现实时远程精准施肥和灌溉、生长环境监测等数据采集;集成南疆特色林果优质绿色标准化栽培技术体系为内容开展研究与示范。新型生产技术为新疆核桃产业的可持续发展和栽培模式优化提供了新的发展方向。

三、土肥水管理

南疆环塔里木盆地地区适合核桃的生长，但果农对核桃施肥基本停留在凭经验施肥阶段，缺乏科学合理的施肥方式，果农盲目施肥、随意施肥现象普遍。目前核桃施肥以尿素、二胺、硫酸钾的配施或者以复合肥为主。大量核桃园氮肥施用不足，偏重施用磷肥，忽视钾肥和微量元素肥料，导致肥料利用率低等问题。新疆核桃生产灌水方式以漫灌为主，年用水量700—1100 m^3 不等，节水灌溉面积不超过10万亩。

目前，各生产区和种植户对缓释肥及专用肥、有机肥等类型肥料的认识程度逐渐升高。这些肥料普遍有机质含量高，施用后能为土壤调理和核桃树生命活动及生长提供基本的营养保障，并且选用的氮、磷、钾肥都是指定的含量肥料，不但能提供肥效且持久性好（部分肥料缓释达6个月以上），适合核桃生长需要，同时加入多种微肥，营养全面。以阿克苏地区为例，黄腐酸钾肥等核桃专用肥成为当地核桃大面积生产且适合推广的肥料。在提高树体生长、结果、果实优质性状及树体抗逆性上表现出显著的优势，在本地区复杂多变的土壤条件下，专用肥仍具有较强的推广适用价值。

四、花果管理及采收情况

南疆地区气候干燥，夏季炎热，冬季寒冷，昼夜温差较大。但是，严重沙尘及花期高温等严重影响授粉受精。南疆地区总体上对核桃树体花果管理水平较低，核桃花果管理工作未认真实施，除少量集约化园式栽培核桃幼树进行疏花疏果工作外，多数核桃树未开展疏花疏果工作。部分区域能做到在雄花芽开始膨大时，及时疏除90%—95%的雄花，减少养分消耗，促进果实生长发育，提高了果品质量。

受传统观念及核桃修剪特殊性影响，核桃树整形修剪工作一直是树体管理的薄弱环节。在修剪管理方面主要存在标准化程度较低，核桃树形较乱，定干后基本不进行主枝选留、结果枝组培育、过密枝疏除、病虫枝修剪等工作。

核桃在冬季修剪后伤流较重,所以,南疆地区对核桃树的修剪管理主要为秋季修剪、春季修剪和夏季修剪。春季在萌芽前、秋季在采后进行修剪。主要措施包括疏除过密大枝及细枝、背下枝、干枯枝、病虫枝,回缩光腿枝、衰老枝,修剪工作持续至芽苞膨大前。修剪管理旨在减少病虫害的传播,调整树冠结构,促进通风透光,提高光合作用效率,同时刺激新梢生长,增加来年的果实产量。夏季修剪主要针对二次枝,树冠过于茂密、疏松不均和树枝交错的枝条,疏除过密枝,旺长枝轻短截,培养结果枝组。分6月中下旬或者8月底2次将未停长的50—100cm新梢摘心,促进花芽分化及木质化。

各级林业部门作为新疆发展核桃产业的技术支撑、技术保障、技术服务主体单位,承担对果实适时采收进行监控的基本职责,从技术层面支撑保障核桃生产科学健康发展。规范果实采收,确定适宜的果实采收时间,核桃果实按品种适时采收,不得提前采收和不分品种混合采收。9月进行采收及处理,当核桃果皮由绿变黄,青皮开裂度达到30%时,按照不同品种分期采收。'温185'品种在8月底9月初采收;'新丰''扎343'品种在9月上中旬采收;'新新2'品种在9月中下旬采收。目前核桃采收主要依赖人工或者机械振摇主枝方式完成。

五、病虫害防控

(一)蚧壳虫

蚧壳虫在南疆各核桃产区发生十分普遍且严重,各类蚧壳虫在不同林果上交叉侵染,部分果园侵染率达到60%以上,危害非常严重。

蚧壳虫的防治以化学喷雾防治为主,因各类蚧壳虫越冬方式及越冬场所有所不同,发生始期也不相同,果农往往错过最佳防治时间,导致防控效果不佳,越防越重的情况时有发生。

(二)吉丁虫

吉丁虫常常在杨树、杏树、李树上出现危害。目前在南疆核桃部分产区该危害呈现加重趋势。遭受吉丁虫危害后,树体衰弱,甚至死亡,严重影响果实的产量和品质。吉丁虫的危害十分隐蔽，当果农发现果树有吉丁虫为害时，树体多已经被严重蛀食。因此，此虫的防治应该"着重防而非治"。我们应该加强对害虫活动规律的监测，了解其活动规律后，采取有效措施避免其侵入树体。

（三）黄刺蛾

黄刺蛾在南疆首先是在枣树上发现的，现已逐步传到核桃树上。南疆个别核桃园黄刺蛾危害十分严重，和田墨玉县部分核桃园发生率达到45%以上。黄刺蛾的危害主要表现在：其幼龄幼虫啃食叶肉留下上表皮，大龄幼虫啃食叶片仅剩下叶脉。其毒刺能刺入皮肤引起强烈的烧灼痛感。此虫的危害不仅影响果实产量及品质，而且对果农安全生产构成很大障碍。对于此虫主要采用化学喷雾的方式进行防治，最佳防治时期为幼龄幼虫期，此时幼龄幼虫聚集分布，且对药剂相对敏感，便于集中消灭。但也有部分地区因没有掌握好用药时机，一个生长季出现化学喷雾防治3次以上的情况。

（四）金龟子

金龟子在和田地区有严重发生的趋势，部分地区其危害已经转移至核桃树上。特别是对幼龄果树，其危害特别大，和田部分核桃园被害率达到70%以上。此虫昼伏夜出，白天隐藏在土缝、枯枝落叶下，晚上爬上果树取食叶片。其幼虫又名蛴螬，潜于土中为害植物根系。因为金龟子幼虫、成虫均能为害，特别是幼虫能在土中为害，给防治带来很大困难。另外，农户主要还是采用药剂喷雾的方式开展防治，防治方法太单一，防治效果不理想。

（五）林果腐烂病

腐烂病在南疆林果上普遍发生，病害因树体、土壤和管理水平的差异，发病程度表现出巨大差异。土壤肥力充足、灌排便利、树体营养充实且管理到位的果园发病较轻，一般控制在5%以内。而一些处于风口的果园和疏于管理、土壤盐碱重、土质黏重、有机质不高、滥施化肥、杂草丛生的果园，发病株率一般在40%—80%。目前，农户对腐烂病的防治缺乏系统的方案，防治过程中工作不仔细、不周全，如对早期病斑无法识别，导致不能及早控制住病害；刮治时病组织随意散落在园内，加速了腐烂病的传播。

（六）基腐病

基腐病在核桃树上为害较多，在温宿、阿拉尔以及和田部分区域，采用漫灌的果园发病株率为15%—35%。基腐病往往发生在近地面10—50cm处，虽然也属于腐烂病的一种，但其病原菌与传统腐烂病不同，导致在防治方法以及药剂的选用上也有区别。核桃基腐病发病始期在每年4月底，发病初期病害症状十分隐蔽，一些已被感染该病的树体往往被认为是健康树体，等发现问题时为时已晚，病害已经大面积扩散开。

（七）焦叶症

焦叶症是一种生理性病害，在南疆果树上大量发生。对于土壤条件不好又缺乏灌溉的果园，发病株率达100%，对林果健康发展构成重大障碍。核桃焦叶症自2012年在南疆核桃主栽区被首次报道以来，发生面积呈逐年扩张和加重的趋势，可导致商品果率降低20%—40%，优质果率降低10%以上，中度及以上焦叶症造成的经济损失高达每亩1000元至3000元，严重威胁新疆核桃产业的健康发展，已引起国家林业和草原局与新疆维吾尔自治区各级政府的高度重视。

核桃焦叶症始于一次新梢停长前后，至二次新梢萌发前达峰值，起始时呈现叶缘或叶尖枯黄（或焦枯），随后逐渐向叶心蔓延，轻度时叶缘或叶尖焦枯，重度时整个叶片焦枯，整株受害严重，焦枯前未见叶片萎蔫，焦枯后少见落叶，无明显发病中心和传染性，呈零星或带状分布，是一种由非生物因子引起的生理性病害（见图1-1）。

图1-1　核桃焦叶症症状

注：A—E：焦叶症树的小叶从叶尖焦枯向叶基蔓延并逐渐加重的现象；F—J：焦叶症树的小叶从叶缘焦枯向主叶脉蔓延并逐渐加重的现象；K. 焦叶症树的复叶从叶尖焦枯向叶基蔓延的现象；L. 焦叶症树的复叶从叶缘焦枯向主叶脉蔓延的现象；M. 零星树体焦枯；N. 二次新梢未焦枯；O. 全园重度焦枯。

中国林科院裴东团队研究发现，与健康核桃园相比，焦叶症严重发生区的土壤中Na^+、Cl^-等盐离子含量和叶片中的Na^+、Cl^-显著升高，而叶片中的N、K、Fe含量显著降低，其原因可能是焦叶症严重发生区的土壤有机质匮乏、次生盐渍化严重、灌溉水质矿化度高，土壤盐分离子比例失调改变了根际微环境，阻碍了根系对其他矿质养分和水分的吸收而影响树体内离子平衡，致使树体内离子毒害或元素亏缺现象加剧，从而引发叶片焦枯。中国林科院裴东研究团队通过一系列防控措施，在630亩焦叶症综合防控试验园、300亩推广示范园，使焦叶症的防控效果达到85%以上。

六、农艺农机融合发展

（一）核桃园施肥机械化

我国核桃园生产机械发展晚于国外，核桃园生产机械化依旧处于起步阶段。新建的核桃园，在建设初期就应该考虑到机械化作业的问题。一般应对果园进行平整作业，留有耕道，便于实施机械化作业，其机械化水平大约20%。早期建设的核桃园，规划较差，行间距过窄，机械耕道不完善，其机械化水平低于10%。近年来，学者、院校和企业对果园中开沟施肥能否实现机械化作业的问题做了大量的研究工作，但在实际生产中的应用并不多见。

（二）核桃园有害生物防控机械化

有害生物防控主要靠喷施化学药剂，相关机械有喷雾机、喷粉机、喷烟机以及喷撒固体颗粒制剂的喷撒机。喷雾机是我国核桃种植园喷施药剂的主要机械，包括传统的轴流式喷雾机、加农炮式喷雾机以及特别设计或改良的风送式喷雾机等。在南疆地区核桃园有害生物防控中，常用的有手持喷枪、风送式喷雾机、风炮式（加农炮式）喷雾机。加农炮式喷雾机

图1-2　加农炮式喷雾机

在生产中喷施效率最高，该设备可以覆盖非常宽的喷雾区域，可用于核桃等高大树体。与传统的液力式喷雾机相比，加农炮式喷雾机气流速度快，可吹动枝条和叶片，造成叶片发生环绕、躲避、振动等运动，增加叶片正反面的雾滴沉积量。与轴流式风送机相比，加农炮式喷雾机一般体积较小，便于运输和储存。但缺点在于加农炮式喷雾机的性能受风的影响很大，在喷雾区域上可能产生不均匀的喷雾沉积。

（三）核桃收获机械化

现有的核桃采收主要有震动式采收机械、采摘平台和采摘机械手。目前在

南疆多地的核桃园已经普遍使用震动式采收机械。该设备将绳索一端系牢到树干主干合适位置，绳索另一端连接到拖拉机后部的转子上，通过拖拉机动能转化为转子高速旋转，带动绳索做往复运动，达成快速震摇效果。核桃青果在适宜采收期进行震摇，可实现95%以上的核桃果落地，大大提高了采收效率。采摘平台属于半自动化的采收机械，在进行采收时，需作业人员登上升降台进行人工采果。采摘机械手的精准度要求高，成本和设备维护费用较高，技术不成熟，在核桃采收中应用较少。

图1-3　震动式采收机械

（四）核桃初加工机械化

核桃的初加工是指对核桃进行诸如脱青皮、清洗、干燥、分级、破壳和壳仁分离等的加工处理过程。脱青皮与清洗是核桃采收后进行干燥、贮藏、加工的首要工序，必须尽快进行，否则长时间的存放会导致果仁霉变与皮色褐变，严重影响核桃的内在品质和外观质量。下面对核桃初加工机械的研制进展和应用概况进行简介：

1.脱青皮设备

常用的核桃脱青皮方法有手工脱青皮、机械脱青皮等。一般青核桃在手工或机械脱皮前会进行一定的预处理，常用的预处理方式是采后堆沤和化学药品（一般使用乙烯利）喷洒后堆沤。在国内，刮削、切割、挤压、撞击是核桃机械脱青皮的主要方法。刮削脱青皮主要是利用工作部件在与核桃发生相对运动时,通过工作部件实现核桃青皮刮落的方法。帕合尔鼎等研制出了6TXH-600型青核桃脱皮清洗机。工作时,在滚刀的切削和滚筒与栅条之间的挤压、摩擦作用下,该机械能将核桃青皮剥离下来,可获得高达600kg/h的生产率,洗净率和去青皮率高达95%以上。刘西宁等研制出了6TXH-3600型青核桃脱皮清洗机。工作时,在凹板筛与钢丝刷的紧密配合下,核桃青皮被刮削、揉搓和碾压,最终实现核桃青皮脱落和核桃与青皮的分离,脱皮率高于85%,工作效率高,性能可靠。杨忠强等研制出了一种核桃脱青皮机。工作时,核桃在输送过程中受到板刷上钢丝刷的剪切、挤压和滚搓的作用将青皮脱下。该机械的板刷与输送带间隙可调,有效降低了破损率,提高了脱皮率。试验表明,在较优参数组合下,脱净率高达90%以上。王秉富等发明了立式核桃脱青皮机。工作时,在上下割刀的切割作用和去皮辊的作用下去皮,能够较大程度地减小核桃内部损伤。丰佩印等发明了核桃去皮机。该机工作时能够在螺旋凸楞和锯齿刀片的作用下实现批量核桃脱青皮,结构简单,易操作。杨少昆等对一种青核桃脱皮机进行改进设计及试验分析,得出了一种脱皮比较好的方案。石鑫设计了一种青核桃脱皮装置,主要由剥皮滚筒、栅条滚筒和螺旋输送叶片等构成。该装置的剥皮滚筒与栅条滚筒的间隙可调,工作时在栅条和耐磨橡胶条的挤压力、摩擦力、剪切力的共同作用下,将核桃青皮剥离。王亚妮等研制出了核桃去皮机。工作时,核桃青皮在滚筒和压板挤压、碾搓作用下实现青皮的去除,设备简单,但脱下青皮尺寸较大,还需人工进行辅助分离。

2. 核桃干燥设备

核桃干燥是核桃采后加工处理的重要环节之一。我国传统的核桃干燥以自然晾晒为主,因干燥过程无须成本投入,现已发展十分成熟,但规模生产受到很大程度的限制,干燥过程易受环境影响,且产品质量难以保证。随着核桃种植规模和产量的不断提高,新的干燥方式不断引入和应用,主要有热风干燥、微波干燥、太阳能干燥和红外干燥等方式。近年来,核桃干燥技术发展主要集中在优化干燥工艺参数、提高干燥速率、改善产品品质、降低能耗和新型干燥技术研发推广方面。王庆惠等进行了核桃深层热风干燥特性研究，并通过试验得出了核桃深层热风干燥的最佳干燥工艺参数。姜苗等进行了云南核桃热风干燥特性及其传质模拟研究，建立了干燥动力学方程，对云南核桃干燥过程的研究提供了参考。朱德泉等进行了山核桃热风干燥工艺研究。张纪柏等对五香'绿岭1号'薄皮核桃进行了烘烤试验，得到了'绿岭1号'薄皮核桃的最佳烘烤条件。沈卫强等利用太阳能热泵组合干燥设备对新疆脱青皮后的'温185'进行了试验研究，并得到了生产率为1000kg/h的核桃干燥的最佳方案，即温度、空气流速、干燥时间分别为58℃、3m/s、12h。陈盈希等利用热泵干燥设备对大理脱青皮后的核桃进行了干燥试验，得到了最佳定色期和后期干燥温度。张波等对核桃射频热风联合干燥特性及品质变化进行了研究，为射频干燥在核桃干燥领域的应用提供了参考和依据。

3. 核桃分级设备

核桃分级是提高核桃附加值的有效途径，同时也可以为核桃后续的破壳加工作业提供保障，提高破壳率，降低损失率。何鑫等研制了6FG-900型核桃分级机。工作时，核桃随分级辊一起运动并不断翻转对位，调整姿态，当核桃直径小于或等于辊子间隙时，核桃便通过间隙而实现分级，具有较高的分级精度，可达95%。沈柳杨等研制了一种自分级挤压式核桃破壳机，具有较好的分级和破壳效果。试验表明，经分级后的核桃一次性破壳率平均达93.2%。刘军等进行了基于机器视觉的核桃外部缺陷检测与分级研究，为机器视觉检测在核桃分级设备领域的研究提供了新参考。

4. 核桃破壳取仁设备

核桃破壳不仅是一道技术要求高且复杂的关键工序，而且对核桃后续加工环节的顺利开展及提升核桃经济附加值具有重要作用。核桃的破壳方法常用的有化学腐蚀破壳法、真空破壳法、超声波破壳法、机械破壳法等。化学腐蚀破壳法在实际腐蚀破壳过程中不易控制，核仁易受污染，难以得到用户和消费者的认可。真空破壳法与超声波破壳法初期投资大，破壳成本较高，推广困难。机械破壳法结构简单，破壳效果易于控制，是目前广大学者的主要研究方向。常见的机械破壳方法有敲击式、挤压式和剪切式等。梁莉等研究出了用微波对新鲜核桃经微波处理再进行直接破壳的方法，具有较好的破壳效果，破壳率可达87.65%。柴秀洪等发明了激光环周切割式山核桃破壳机。工作时，山核桃在激光切刀的多次切割作用下会破开多个口子，之后，山核桃在破壳刀头与挤压杆挤压作用下实现破壳。杨锐等对核桃进行了激光照射预处理，并对照射后核桃破裂行为进行了数值分析与模拟，为核桃激光破壳提供了参考。高警等的试验表明，核桃水沸预处理对核桃破壳力的影响比较显著。此外，史建新等创建了对核桃进行相关分析的前处理模型，模拟了气爆式破壳时的应力、应变变化过程，验证了气爆式破壳方案的可行性，为进一步研制气爆式破壳提供了一定的理论基础。周军等设计、研发了气爆式核桃破壳机，并通过试验得出了较成功的破壳方案。

5. 壳仁分离设备

壳仁分离是核桃破壳后，获得干净核仁的重要工序，分离效果的好坏直接关系到最终产品的品质与产量。气流清选法、气流与筛选组合法、比重分选法是目前国内核桃壳仁分离使用较多的方法。王亚妮等发明了一种气吸式风选核桃壳仁分离机。工作时，因风管尺寸逐渐变大，壳仁混合物各组分因悬浮速度不同实现分离。张开兴等发明了一种山核桃风选式壳仁分离装置，主要由机架、落料口、振动板、驱动凸轮、风机、集料箱组成，破壳后的壳仁混合物在振动板的作用下被抛出，在向外吹的气流作用下因各成分空气动力学特性的不同而被分离。朱占江等研制了小型短风道核桃壳仁分选机，生产率最高可达300kg/h，约是人工的70倍，生产率显著提高。目前，该机已在多地得到推广应用。罗坤等发明了一种山核桃风选壳仁分离机。该机通过电磁振动给料机给料，利用离心调速风机产生气流实现壳仁分离，结构紧凑、效率高。

七、南疆商品核桃基地建设

2020年以来，在农业农村部、财政部的大力支持下，新疆开展薄皮核桃产业集群项目建设，项目涉及阿克苏地区阿克苏市、温宿县、乌什县、新和县、叶城县、和田县及墨玉县等7个产业优势区，辐射带动阿克苏地区、喀什地区、和田地区南疆三地州12个核桃产区，项目总投资2亿元。3年来，中央财政奖补资金发挥着"四两拨千斤"的作用，带动了一大批农业产业化龙头企业、农民专业合作社等各类经营主体、科研机构、社会团体共同参与该项目。7个县（市）形成了薄皮核桃产业带，全产业链发展模式日益成熟，联农带农利益联结机制更加完善，商品核桃基地建设实现高质量发展。核桃每亩均产量由原来的160—200kg提升至平均210kg，优质果率由平均68%提升至80%以上，增收达300元/亩以上，有效促进了核桃产业向资源开发更深、产业链条更长、业态类型更多、利益联结更紧发展，提高了核桃产业的规模效益及经济效益。

（一）阿克苏地区核桃基地建设

2023年，阿克苏地区核桃种植面积达265.48万亩，年产量超64万吨。其中，温宿县作为全疆最大的优质核桃栽培生产基地县，其核桃生产在单位产量、良种使用率、管理水平、内外品质、市场占有率等方面的比较优势非常明显。温宿县政府把握发展契机，以核桃林场万亩薄皮核桃高科技示范园区为依托，借助新疆维吾尔自治区的"提质增效项目"和"核桃产业集群项目"资金，全力打造集生态、节水、旅游观光为一体的万亩薄皮核桃生产基地。该县加强示范体系建设，推广生物绿肥种植，强化科技支撑，强推'温185'和'新新2'两个主要品种，种植地块遍布全县12个乡镇，建成核桃基地70余万亩，年产核桃20万吨，林果业收入占当地人均收入约60%，核桃产业占林果业收入约60%。在栽培管理方面，该县采取"疏密间伐、控高降冠、标准修剪"举措，完成核桃园改造，实现了产量、品质的双提高，同时推进高接优换技术，采取大树多头芽接方法，完成核桃大树改接万株，改造后良种使用率高达95%以上。2016—2023年，温宿县核桃种植面积、挂果面积、年产量均稳步提高，呈现出向好发展态势。木本粮油林场作为温宿县林果业生产企业的龙头，带动了全县特色林果业的良性发展，而其生产的"宝圆牌"核桃赢得了广大消费者的认可。

（二）喀什地区叶城县基地建设

喀什地区叶城县地处新疆西南部，区位优势突出，气候条件适宜，是新疆核桃产业布局的优势区，素有"中国核桃之乡"的美誉，是喀什地区核桃栽培面积最大的县。叶城县林果种植面积为80万亩，其中，核桃实有面积达到64.2万亩，总产量达13.68万吨，主要栽培品种为'温185''新丰''新新2''扎343'，良种覆盖率达95%以上。叶城县积极进行核桃产业技术队伍建设，积极引进科研项目和平台，推广品种改优、配方施肥、整形修剪等高效栽培技术，不断提高核桃种植的产量和质量。目前，依托科研院所，已建成核桃提质增效示范园累计12万亩，建成地县级核桃丰产示范园9个，建成12个林果有害生物监测点，主要病虫害得到有效控制。通过实施品种嫁接改优的措施，累计改接核桃150万株，良种覆盖率达到95%以上。叶城县还建立了叶城核桃种质资源圃，汇集保存核桃优异种质资源200余份，并通过种质资源性状的长期定位观测，不断开展种质创新和新品种选育工作。2018—2022年，叶城县为40多万亩核桃园落实了有机肥补贴政策，相继成立了20个农机合作社，有效推动了核桃产业的机械化、标准化修剪工作。2022年，叶城核桃入选第四批国家地理标志农产品保护工程，2023年，叶城核桃栽培系统入选第七批中国重要农业文化遗产。

（三）和田地区墨玉县核桃示范园与基地建设

2022年，和田地区林果种植面积达324.25万亩，其中核桃就有173.07万亩。墨玉县是南疆薄皮核桃主产区之一，种植面积达44.56万亩，占全县林果种植面积的69%。墨玉县围绕现代特色林果业转型升级、资源可持续利用和农民增收这一主题，从2014年起扎实开展林果业提质增效核桃示范园建设活动。截至目前，全县地、县、乡三级领导核桃示范园建设累计面积已达到20.35万亩，点位数共1090个，其中：2022年，新建核桃示范园85个，面积达1.9万多亩；2023年，新建林果示范园1.73万亩，总点位77个。通过示范园带动，墨玉县3年建成了20.3万亩标准化核桃种植基地。2022年，墨玉县的核桃产量达8万吨，总产值超过10亿元，农民人均核桃收入超过1700元。2023年，墨玉县的核桃总产量达到8.9万吨，良种覆盖率高达98.3%，成为地理标志产品"和田薄皮核桃"的核心产区。

第二节　南疆核桃加工情况

一、主产区核桃加工企业规模与现状

按照自治区党委和政府关于林果业发展的总体部署，新疆核桃产业呈现出良好的发展态势。截至2022年底，新疆核桃种植面积约636万亩（不含兵团），其中南疆核桃种植面积占91.6%，全疆产量已达127.22万吨，其中96.5%产自南疆。从总体上看，经过近年的不断优化、调整、发展，新疆核桃产业已初步完成了基地建设规模扩张的任务，正在由"原始积累"向发展精品果园、特色果园、高效果园的方向迈进，由初级产品向加工转化产品、产品升级换代及市场开拓方向转变。一个具有规模效应、突出区域地方特色、符合产业化发展、具有一定市场竞争能力的核桃产业框架已基本形成。

但从核桃加工角度来看，目前南疆地区核桃加工、利用程度总体较低，仍以初加工为主。调查发现，南疆绝大多数的企业只开展核桃初级加工业务，主要是利用机器对青皮核桃进行脱青皮、清洗、烘干处理，或者进一步将带壳的核桃去壳加工成核桃仁，并进行粗略分级和简单包装。

南疆核桃加工产品的种类有限，尤其是深加工产品更少。以核桃油产品为例，生产核桃油产品的企业多数不将核桃油作为主要产品，库存量小。这与近年来新疆核桃产业的规模与产量大幅度提高的趋势不协调，制约着核桃产业的健康有序发展。南疆核桃主产区各县（市）核桃加工企业的现状如表1-2所示。

表1-2　南疆核桃主产区各县（市）核桃加工企业现状

地区	企业名称	加工产品	收购原果数量（吨）	加工能力（吨/年）
喀什	喀什光华现代农业有限公司	核桃、核桃仁、核桃油	10000	20000
	新疆美嘉食品饮料有限公司	核桃清洗、破壳取仁，代加工炒制多味核桃、核桃粉、核桃乳	1300	20000
	叶城县怜农绿色农产品研发有限公司	核桃仁、核桃油深加工	200	2000

续表

地区	企业名称	加工产品	收购原果数量（吨）	加工能力（吨/年）
阿克苏	阿克苏晟鼎油脂有限公司	核桃原果分拣，核桃油分级深加工等	2000	3000
	新疆天下福生物科技有限公司	对核桃进行初榨、精炼提取核桃油	4000	10000
	阿克苏浙疆果业有限公司	核桃仁、风味熟制纸皮核桃、核桃油、核桃枣泥糕	13500	15000
和田	新疆和田果之初食品股份有限公司	核桃产品收购、加工、销售，核桃油的提炼	2500	5000
	新疆大智慧核桃食品有限公司	核桃油的深加工与开发	100	300
	和田惠农电子商务有限公司	核桃仁、调味核桃仁、核桃油、核桃蛋白等产品	10000	20000

核桃产业作为南疆的支柱产业之一，有力地保障了乡村振兴战略的实施，提高了当地的就业率和人民的生活水平，取得了较好的社会效益。部分企业吸纳就业人数见表1-3。

表1-3 南疆核桃生产企业吸纳就业人数情况

地区	企业名称	吸纳就业人数（人）
喀什	喀什光华现代农业有限公司	200
	新疆美嘉食品饮料有限公司	170
	叶城县怜农绿色农产品研发有限公司	20
阿克苏	阿克苏晟鼎油脂有限公司	180
	新疆天下福生物科技有限公司	500
	阿克苏浙疆果业有限公司	275
和田	新疆和田果之初食品股份有限公司	270
	新疆大智慧核桃食品有限公司	15
	和田惠农电子商务有限公司	3000

下面，我们以新疆大智慧核桃食品有限公司为例略作说明。该公司作为一家集核桃油生产、研发和销售，核桃油副产品深加工为一体的核桃油生产现代化企业，拥有核桃种植基地10551亩，3个分厂，6条现代化冷榨核桃油生产线，

在江苏、上海、山东设置疆外仓，有技术工人、生产工人共230多人，基地及合作社种植工作人员共500多人，年生产核桃油1万吨。该公司有电商平台24个，带货直播团队1个，核桃油主要销往北京、上海、深圳等一线城市。该企业的生产、加工、销售尚只处于独自开发研创阶段，没有资源聚集优势，未形成合力对加工能力和市场开拓进行深度挖掘，市场竞争力明显不强。

再如，由浙江省杭州市援疆指挥部招商引进的阿克苏浙疆果业有限公司成立于2018年7月。企业主要产品有纸皮核桃、核桃仁、核桃油、核桃枣泥糕、红枣果干制品等五大系列。该公司是核桃产业国家科技创新联盟常务理事长单位，中国坚果炒货专业委员会副会长单位，国家高新技术企业，自治区农业产业化重点龙头企业，自治区"专精特新"中小企业，自治区企业技术中心，先后荣获浙江产业援疆"百村千厂"工程示范工厂等称号。浙疆果业构建了核桃产业"公司+合作社+农户"的模式，在阿克苏市建成"国家级优质核桃基地"达2万亩，在乡镇建成卫星工厂1个，带动200余名农民就地就近就业，直接或间接带动1640多家农户增收，形成了核桃"初加工在乡镇、深加工在园区"的发展格局。该企业注重科技创新，建立了技术中心、博士工作站、核桃研究院三大创新平台。5年来，在各方支持下，该企业发展势头良好。2022年，该企业加工核桃超过1万吨，目前有6条脱衣核桃仁生产线，日产脱衣核桃仁达6吨，多口味纸皮核桃设计产能80吨/天，核桃油产能为2吨/天。该企业全年销售额为1.5亿元，直接吸纳就业230余人，企业95%以上员工是维吾尔族，工人人均月收入达4000元。该公司致力于成为阿克苏农产品精深加工的领军企业，为当地经济发展、带动农民增收致富作出贡献。其优势是销售渠道发达，主要对接江浙沪等电商发达地区，但该企业的主要产品为核桃及核桃仁产品，缺少精深加工产品，产品附加值得不到有效提升，产业链较短，因此在核桃加工方面该企业还具备很大的市场潜力。

二、加工企业的优势和特点

（一）原料优势

新疆核桃生产环境较为优越，与国内其他主产区相比，新疆核桃具有结实早、坚果大、出仁率高（60%左右）、品质优良等优势。如'温185'核桃从平均出仁率来看，不仅高于国内其他主产区主栽核桃品种，还远高出美国'强特勒'核桃15.9%；从平均含油率来看，'温185'的含油率也较高。同时'温185''新新2''扎343''新丰'等品种还具有果实大，果仁充实饱满，内褶壁退化，易取整仁，非常适合机械化加工的特点。这些品质优势增强了新疆核桃在国内市场的竞争力，可以有效提高新疆核桃的市场占有率。

（二）区位优势

新疆位于欧亚大陆腹地，周边与蒙古、俄罗斯、哈萨克斯坦、吉尔吉斯斯坦、塔吉克斯坦、阿富汗、巴基斯坦、印度8个国家接壤，地处"丝绸之路"经济带的核心区域，是古代"丝绸之路"的重要通道。这一地理位置使其成为连接亚欧大陆的关键节点，具有重要的战略地位。随着"一带一路"倡议的推进，南疆的区位优势将进一步凸显，成为推动地区经济一体化的重要力量。目前，新疆对外开放的一类口岸17个，二类口岸12个。南疆核桃加工企业能够更方便地拓展国际市场，将产品销往世界各地，具有较高的出口潜力。此外，南疆远离工业城市，受到工业污染的危害小，核桃产品更加绿色健康。这也将成为新疆核桃产品的一项竞争优势。

在核桃产品进出口方面，据有关统计，2021年，新疆口岸进口食品金额排前三位的品种依次是油籽类、食用植物油、面条，金额分别为1.21亿元、1.18亿元、0.17亿元。出口食品金额排前三位的品种依次是番茄制品、核桃及核桃仁、活性酵母，金额分别为25.62亿元、15.6亿元、1.38亿元，2020年中国核桃进口金额为1499.3万美元，出口金额为16942.0万美元，进口均价均高于出口均价，高出2.3美元／千克。其中，2020年新疆核桃出口数量为3.49万吨，出口金额为8182.2万美元。中国核桃的进口来源地主要为智利和美国，出口国主要为哈萨克斯坦、巴基斯坦、土耳其、吉尔吉斯斯坦等地。新疆所处的区位优势，更加有利于核桃出口。南疆通过发展核桃精深加工，增加核桃产品进入国际市场的种类，将提升本地核桃产品的国际竞争力。

（三）政策优势

新疆维吾尔自治区政府在支持核桃产业快速发展及加强核桃产业形成竞争力方面，相继出台了一系列政策文件。例如，2019年的《〈中共中央、国务院关于坚持农业农村优先发展做好"三农"工作的若干意见〉的实施意见》，要求把林果业作为重点产业来打造，围绕农业增效、农民增收，特别是助力打赢脱贫攻坚战，统筹安排、整体推进，重点布局在和田地区、喀什地区、克州、阿克苏地区、巴州，涉及34个县（市），涵盖22个深度贫困县。新疆林果业在区域经济发展中具有独特政策优势和较强的发展基础，该意见进一步明确了对核桃等经济作物的资金补助投入，自治区林业厅与科技厅设立了林果业财政，根据相关文件成立了专项资金，通过相关优农惠农的政策及举措，有力地支持了南疆地区的核桃产业发展。

2020年6月，新疆维吾尔自治区农业农村厅出台了《2020—2025年自治区推进农产品地理标志品牌建设意见》，对"叶城核桃""温宿核桃"等特色优势产品进行了重点登记，为打造农产品地理标志"金"字招牌奠定基础。2021年2月，新疆维吾尔自治区第十三届人民代表大会第四次会议通过了《新疆维吾尔自治区国民经济和社会发展第十四个五年规划和2035年远景目标纲要》，指出要做强林果产业，突出绿色化、优质化、特色化、品牌化，推动林果业标准化生产、市场化经营、产加销一体化发展，做优做精核桃、巴旦木、红枣等果品，支持南疆建设。审批林果产品加工物流园和交易市场等，增加优质高端特色果品供给。"十四五"时期末，全区林果面积稳定在2200万亩左右，果品产量达到1200万吨左右。

同时，南疆核桃产业作为新疆特色林果产业的一部分，也受到中央和自治区政府的大力扶持，通过上海合作组织、中亚区域经济合作以及特色林果产品博览会、乌鲁木齐对外经济贸易洽谈会等各种合作平台和展会对南疆核桃产业、产品进行了推介。

（四）科技优势

新疆林业科学院经济林研究所一直致力于核桃品种选育、栽培技术创新推广等方面的工作，目前是新疆核桃产业技术体系首席科学家单位，张强研究员任首席科学家。新疆农科院农业机械化研究所初步形成了核桃原料绿色脱青皮与高效干燥技术，初步形成了核桃仁色选分级方法、核桃仁休闲食品加工技术、营养风味双导向的核桃油加工技术及适度精炼技术装备等。新疆农业大学在新疆野核桃种质资源基础数据库的建立，核桃脱壳设备、分级设备、加工设备的研制方面取得了较多成果。塔里木大学、石河子大学等高校在病虫害防治、核桃采收、核桃产品加工研究等方面取得了较大进展。南疆地区作为新疆维吾尔自治区的核桃产业聚集区，得到了新疆林科院、新疆农科院、新疆农业大学等科研机构、高校的关注和科技方面的支持，在核桃品种化推广、栽培技术研究、病虫害防治、集约化高效生产和机械化生产等方面做了大量创新和尝试。

南疆有一支掌握核桃生产和加工的专业技术人才队伍，为产品出口提供了支撑和保障。在科技体系方面，新疆建立了自治区有专家组、地州有团队、县（市）有骨干、乡镇有技术员、村有明白人的五级林果技术服务体系。通过技术服务队探索、建立有偿化的社会服务机制，队员在提升个人技术水平的同时，带动当地果农增强果园管理意识，也提高了个人收入，为基层培养了一支留得住、用得上、能干事的技术力量。根据我们随机抽样的调查结果发现，果农的林果技术掌握情况呈逐年上升态势。

新技术在降低林果生产成本以及提高效益方面发挥了重要作用，如在阿克苏、和田、喀什地区核桃主产县通过机械采收技术的应用，有效节约了劳动成本，提高了劳动效率。同时，通过政策吸引企业入疆、加大新技术引进与研发、丰富林果加工产品线等措施，从而提升加工技术水平。

（五）品牌优势

南疆地区的一些核桃加工企业注重品牌建设和市场推广，通过不断提升产品质量和服务水平，树立起了良好的品牌形象。如阿克苏的"阿克苏核桃""宝圆"核桃，喀什的"疆果果""美嘉""聪达"，新疆果业集团的"果叔"等，这些品牌产品在国内市场上具有一定的知名度和美誉度，为企业的发展奠定了基础。

（六）产业链优势

南疆核桃加工企业不仅注重核桃的加工和销售，还积极向上下游产业延伸，形成了较为完整的核桃产业链。这包括核桃种植、收购、加工、销售以及核桃深加工等多个环节，提高了核桃产业的附加值和整体竞争力。

南疆核桃加工的优势和特点主要体现在原料、地理位置、技术、品牌和产业链等方面。这些优势为南疆核桃加工企业的发展提供了有力支撑，也推动了整个南疆核桃产业的繁荣和发展。

三、主要加工产品及技术水平

（一）核桃采后初级加工

核桃采后初级加工主要包括去青皮、筛选、烘干、分级。疆内主要林果企业通过引进先进工艺、技术设备，提升林果产品生产加工能力。通过核桃加工技术的提升，主产区核桃脱青皮加工率由过去的不足20%提升到70%以上，有效解决传统、落后的青皮核桃堆沤脱皮导致核桃仁发黄、发黑等问题，核桃白仁率、核桃商品率和附加值大幅提升。这些新技术的推广对开拓国际市场、提升贫困地区核桃加工产业发展水平、农民脱贫增收发挥了重要作用。

1. 青皮核桃生产提档升级效益分析

青皮核桃生产提档升级前，由人工手工砸取，生产效率为0.025吨/小时·人，手工砸取成本为500元/吨；应用脱青皮核桃设备后，生产成本（含水、电、人工成本）为500元/吨，工艺包含脱青皮、清洗、烘干及分级分选四个工序。应用脱青皮核桃生产设备白仁率由50%提高到90%。

2. 原核桃分级分选效益分析

原核桃分级分选前通货单价为10000元/吨，通过分级分选后综合单价为12060元/吨，综合效益提升2060元/吨。

（二）核桃仁加工

核桃仁通货销售单价为30000元/吨。主要通过人工手工砸取，加工效率为3.125千克/小时·人，加工成本为2500元/吨。通过分级分选后核桃仁综合单价为33600元/吨，综合效益提升3600元/吨。

通过应用脱青皮设备及原核桃、核桃仁分级分选提档升级，产品品质、经济效益大幅提升。但目前75%以上的核桃用于带壳销售，20%用于青皮销售，5%用于加工取仁，产业链条亟须延伸拓展，二三产产值与一产产值之比为1.15:1，核桃加工流通领域的开发利用空间较大。

（三）核桃油及核桃休闲食品

1. 核桃油

南疆加工核桃油的企业和农民合作社不在少数，但产能都较小，年设计产能超过千吨的仅喀什光华现代农业有限公司、新疆天下福生物技术有限公司等为数不多的几家企业。其中，喀什光华现代农业有限公司采用规模化研磨法低温核桃油、核桃粉、核桃酱联产生产线，实现了核桃油和蛋白的综合利用，降低了核桃油的生产成本。阿克苏晟鼎油脂有限公司引进超临界萃取生产线，设计年产能为3000吨。目前，南疆核桃油质量参差不齐，缺乏生产规范和产品质量标准体系，仍然存在不适加工或者过度加工导致的安全和品质问题。

2. 核桃粉

核桃仁经去皮、脱脂后的核桃粕，磨浆，加入白砂糖，添加或不添加鲜乳及其他辅料，再采用先进的微细化技术处理后，经喷雾干燥可制成速溶核桃粉，可以实现原料的全利用，使产品成本降低，携带方便。目前，新疆阿布丹食品开发有限公司、新疆南达新农业股份有限公司、喀什光华现代农业有限公司等企业通过引进先进的生产工艺及设备，积极探索核桃油、核桃蛋白肽、核桃粉等核桃精深产品的加工生产。

3. 核桃休闲食品

由于南疆核桃原料品质好，所生产的核桃休闲食品在市场上有较强的竞争力。喀什疆果果农业科技有限公司、阿克苏浙疆果业有限公司、新疆和田果之初食品股份有限公司等企业均有核桃休闲食品生产和销售，并且呈现较好的发展趋势。一些企业通过引进生产线提高生产效率，如在新疆果业核桃（和田）交易市场内，和田五丰果业专业合作社建立了3000平方米标准化食品精深加工厂，投入全新成套自动化设备，建成巴格其镇首条糕点自动生产线、枣夹核桃生产线、微波杀菌线、礼品分装生产线等，并把核桃仁添加到切糕、列巴等特色食品中，丰富了核桃休闲食品的形态和品类。

四、加工设备与技术

目前，南疆核桃加工产业采用先采摘后加工的初加工模式——依靠人工作业将核桃采摘后进行脱青皮、清洗、晾干、分级、破壳等工序，加工效率低，造成大量未及时加工处理的核桃果仁出现发霉、核桃商品化率低等现象。近年来，新疆农科院及企业通过技术研发、创新，针对核桃产品加工效率低、加工机械化程度偏低等问题，创新、研发了南疆核桃脱青皮、清洗技术及装备。

1.卧式青核桃脱皮机

如图1-4所示，卧式青核桃脱皮机主要采用刀片划切输送、板刷刮刷挤压揉搓的脱青皮原理，是一种可根据核桃种类、尺寸，通过调整夹角把手，可调整

图1-4　6TH-2000型卧式青核桃脱皮机

板刷与链板输送机的夹角，有效地降低核桃果壳的破碎率，提高青皮脱净率，减少核桃表面青皮残留。该机目前已推广到了云南、甘肃、陕西、山西、山东、湖北等地。该机的优点是生产率高，可以达到5吨/时，缺点是构造复杂，不易加工，成本较高。

2. 离心筛网式核桃脱皮机

如图1-5所示，离心筛网式核桃脱皮机具有无间隙调节的优点，结构简单，成本较低，在加工之前不需要对青核桃进行大小分级，因此对青核桃的种类和成熟度的要求也比较低，可以极大地降低生产成本，并且具有很强的适应性，缺点是不能实现连续作业，需要间歇式喂料和出料，该机目前主要推广到了阿克苏、和田和喀什等地区。

图1-5　离心筛网式核桃脱皮机

3. 窝眼干法切削式脱皮机

如图1-6所示，窝眼干法切削式脱皮机的优点是设备成本较低，适应性较强，可以多台配套在生产线使用中，也可以单机使用，目前南疆市场上主要推广的就是这种，主要推广到了阿克苏、和田和喀什地区。该机操作简便，在全国主要核桃主产省都有应用。

图1-6　6TH-5000型窝眼干法切削式脱皮机

4. 核桃清洗机

目前国内核桃清洗基本都采用毛刷清洗。核桃清洗机工作时，核桃在多组毛刷辊的带动下不断滚动，核桃之间相互摩擦被毛刷刷洗，同时受到一定压力的水流冲洗，核桃表面粘有残留的青皮、汁液、泥土及其他污物被清洗干净，然后被带螺旋毛刷辊推送至出料口。该机需要多台配套在生产线当中作业，效率高，故障率低，既能作为单机使用，也能配套在生产线中进行连续加工。

图1-7　6TH-3000型阿克苏金叶果蔬农民合作社安装的生产线

5. 核桃脱皮清洗生产线

如图1-8、图1-9所示，由新疆农科院农机所研制的6TH-3000型核桃脱青

图1-8　6TH-3000型阿克苏西域宝果品有限责任公司安装的生产线

图1-9　6TH-2000型温宿县绿佳园农产品专业合作社安装的生产线

皮清洗成套设备、6TH-2000型核桃脱皮清洗成套设备，可同时实现青核桃的大小分级、脱青皮、清洗、青皮的分离输送。与单独进行脱青皮与清洗的机械相比，该设备的生产效率大幅提升，青皮脱净率和洗净率大大提高，节省了加工成本。设备操作方便，可根据核桃（'温185''新新2''扎343''新温179'）品种和大小等级的不同进行适当的调节，以达到最佳的加工效果。清洗后的核桃可以进行晾晒或运入烘干房烘干。该成套设备生产率很高，非常适合大中型企业使用。该生产线可连续式生产、规模化加工，生产率高，适应性强，核桃脱净率高、破碎率低，应用范围覆盖新疆16个核桃主产县，以及云南、甘肃、陕西、山西、山东、湖北、四川、北京等8个核桃主产省（市），辐射面积占我国核桃主产区的90%。

6.核桃干燥技术及装备

目前，南疆核桃加工多采用传统干燥方式，如自然干燥、热风干燥及热泵干燥等。多数合作社仍采用自然晾晒方式，一些大型企业如阿克苏裕农果业有限公司采用的是核桃热泵干燥烘干池，如图1-10所示，新疆和田玉核食品有限责任公司采用的是核桃电热烘干池，如图1-11所示。但是，传统干燥方式存在干燥效率低、干燥过程难以控制等缺点，对核桃经济价值的提升有显著影响。近年来，随着干燥技术的发展，太阳能干燥、红外干燥、微波干燥、射频干燥等新型干燥技术也被逐渐用于核桃的干燥加工过程中。同时，综合不同干燥手段发展而来的联合干燥技术，不仅可以弥补单一干燥技术的不足，还可以达到更佳的干燥效果。

图1-10 核桃热泵干燥烘干池（阿克裕农果业有限公司）

图1-11 5HH-3000型核桃电热烘干池（新疆和田玉核食品有限责任公司）

核桃干燥设备可以由若干单体组成（见图1-12），适合区内外各品种核桃的烘干，可以实现连续化加工和自动化装卸料，节省大量劳力和加工成本。该成套设备的生产效率很高，非常适合大型企业使用。与一般盘式烘房比较，其装载量大，占地面积小，烘干效率高，需求劳动力少，加工成本不足盘式烘干房的一半。与目前我区普遍采用的自然晾晒方式比较，干燥时间比自然晾晒短90小时以上（自然晾晒需120小时），大幅度缩短了干燥时间，确保对脱去青皮的核桃及时快速均匀干燥，避免了核桃壳炸裂与核桃仁变色等问题。

图1-12 5HH-1500型中型核桃箱体烘干设备（电热）

7. 核桃分级分选技术及装备

目前,常见的分级方法主要有按照果品重量、尺寸进行分级两种。按重量分级是通过调节倾翻力矩大小将果品分级或利用气力作用,将瘪壳、空壳吹走或吸走。按尺寸分级就是根据果品的大小进行分级,常见装备有打孔带、栅条滚筒及叉式分级、滚杠间隙分级等方法。如图1-13所示,新疆农科院农机所推广的6XG-2000型核桃分选机,该机可以单独使用,适合企业和农户使用。该机通用性强,去空壳率高,损失率低。核桃去空壳机结构新颖,生产率高,该机主要在和田和阿克苏地区推广应用。

图1-13　6XG-2000型核桃分选机（气吸式）

北京林业大学推广了一款具有自动检测与分选能力的核桃无损检测清选设备,如图1-14所示,核桃无损检测清选设备可以同时检测外观缺陷和霉变核桃,并将其分选出去。

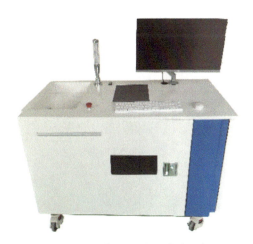

图1-14　核桃无损检测清选设备

8.核桃破壳、壳仁分离技术及装备

目前，南疆核桃机械破壳的常用方式有挤压、撞击、碾搓和剪切等方法。刘明政、李长河等研制的核桃剪切挤压柔性破壳机如图1-15所示。

图1-15　柔性带剪切挤压破壳及脱壳系统

新疆农科院研制的锥篮式核桃破壳机如图1-16所示，该机可以通过调距手柄来调节内外破壳体间隙和夹角从而适应不同级别大小的核桃破壳，该机也是目前美国采用的主要类型结构，在云南、山西、新疆等主要核桃产地有一定的应用。

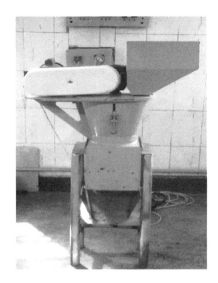

图1-16　锥篮式核桃破壳装置

9.核桃破壳、壳仁分离技术及成套装备

由新疆农科院农机所研制的核桃破壳、壳仁分离生产线，如图1-17、图1-18、图1-19所示，6HT-200型、6HT-600型、6HT-3000型核桃破壳、壳仁分离加工成套设备。该设备主要由破壳系统、分级系统、壳仁分离系统组成，可实现核桃破壳，核桃仁和核桃壳大小分级，核桃仁、核桃壳和核桃隔膜的分离。这些设备操作方便，可根据核桃大小、品种的不同进行适当的调节，以达到最佳的加工效果。分过级的原果核桃，经提升机进入破壳机，破壳后落入振动筛，由振动筛将破壳后的核桃按大小分为1/2、1/4、1/8、1/16四个等级，再经壳仁分离系统，将核桃壳和仁完全分开，由出仁口和出壳口各自排出。该成套设备生产率高，非常适合中小型企业使用。

图1-17　6HT-200
型核桃破壳、壳仁分离加
工成套设备

图1-18　6HT-600型
核桃破壳、壳仁分离加工
成套设备

图1-19　6HT-3000
型核桃破壳、壳仁分离加
工成套设备

第三节　南疆核桃营销情况

一、销售渠道和销售模式

（一）南疆核桃类商品

南疆核桃类商品主要分为初加工和深加工产品，初加工产品如核桃干果、核桃仁等，深加工产品有核桃饮料，核桃油，核桃粉以及核桃壳、分心木产品，核桃木工艺品。常规的南疆核桃类商品主要有：

1.核桃干果

南疆核桃产品大部分以核桃干果的形式销售，主要采用先采摘后加工的初加工模式，依靠人工或结合机械作业将核桃采摘后进行脱青皮、清洗、晾干、分级等。由于当地加工产能低，与实际核桃产量形成了较大的不对称，若采后遇阴雨天气，大量果实处理不及时，容易引起霉变，导致核桃质量下降。

2.核桃仁

核桃仁是核桃的主要可利用部分，利用途径主要为生食。用核桃仁生产的食品有琥珀核桃、五香核桃、脱皮核桃仁等风味核桃仁，以及与其他果仁混装的核桃仁。一些脱衣核桃仁也可以作为凉拌菜原料，经常出现在餐桌上。将核桃果仁直接开发，能有效解决核桃的产量囤积问题，但仍然会因核桃采后贮藏方式不当而造成损失，损失量占总产量的12%。

3.核桃油

国家林业和草原局在2022年1月发布的《林草产业发展规划（2021—2025年）》指出，要加快木本粮油基地建设，到2025年生产木本粮油250万吨。作为重要的木本油料来源，核桃油在保障我国粮油供给安全方面具有潜在价值。近年来，核桃油在国内植物油市场中的份额正逐渐增加。

4.核桃蛋白产品

目前，一些企业利用生产核桃油产生的副产品——核桃饼粕作为原材料生产低脂核桃蛋白粉。以低温压榨法制油获得的核桃粕粉含油量为18%—36%，蛋白质含量为30%—45%，不饱和脂肪酸与饱和脂肪酸的比值为9.07。此外，利用核桃饼粕提取的蛋白，可制备多种功能活性的蛋白肽。作为一种新型核桃深加工营养产品，核桃蛋白肽具有广阔的应用前景和市场潜力。

南疆核桃加工企业的产品往往覆盖核桃的多款产品，除了核桃仁产品，油和蛋白产品一般相伴出现。这样可以实现核桃仁的全利用，降低生产成本。比如，喀什疆果果农业科技有限公司先后推出薄皮核桃、枣夹核桃、烤核桃、脱衣核桃仁、调味核桃仁（咖喱味核桃仁、藤椒味核桃仁、酸奶益生菌核桃仁、榴莲味核桃仁）等产品，现有12款核桃及核桃仁制品，涵盖炒货、糖果、酱腌菜、罐头、预制菜等5个大类。喀什光华现代农业有限公司拥有自动核桃油低温冷榨生产线3条，罐装和过滤生产线各1条，核桃酱研磨过滤生产线1条，核桃粉生产线1条，核桃休闲食品生产线1条。企业的产品主要包括核桃油、核桃粉、核桃酱及核桃休闲食品等核桃系列产品。阿克苏浙疆果业有限公司的主要产品有纸皮核桃、核桃仁、核桃油、核桃枣泥糕、红枣果干制品等五大系列。

部分加工企业从核桃青皮中提取单宁，用作化工原料；将核桃壳加工成活性炭，成为石油生产中的堵漏剂；核桃分心木被加工成保健茶；核桃树每年修枝后废弃的树枝，被加工成合成板；使用核桃木可制作雕刻家具及各种精美的工艺品。

整体而言，目前市场上核桃加工高附加值的产品如核桃肽、核桃胶囊、核桃亚麻酸油、核桃含片、亚麻酸胶囊等的健康产品相对较少，发展空间较大。

（二）销售渠道以及销售模式

1. 传统销售渠道

当前，市场对于核桃深加工产品的需求量激增，这主要是因为核桃产品的保健功能和药用价值为更多的消费者所熟知和接受。通过深加工制得的核桃油、核桃乳、核桃多肽等产品，广受消费者的好评和追捧。相较于核桃、核桃初加工产品，这类深加工产品具有更高的附加值。

传统的核桃商品销售渠道，以核桃果的直接销售或核桃仁、分心木等的初加工产品销售为主，大部分合作社或者企业仍然以最为原始的核桃果产销经营为主要获利手段。青皮核桃和脱皮核桃的主要销售方式是核桃收购商收购，有一部分是收购商直接上门收购，有一部分是由合作社联系收购商或者企业统一收购。青皮核桃和脱皮核桃的另一种销售方式为核桃种植户自行销售，这种方式是种植户自行选择销售地点、销售时间和销售价格，例如自己到市场销售，这种销售方式相对灵活，但个人销售局限性较高，大部分农户缺少专业的销售知识，造成核桃出售价被压低，只能赚一个"辛苦钱"，降低了经济效益。

此类产品价格低，产业链条短，发展空间狭窄，附加经济价值和收益较低。从当前我国市场发展趋势及市场竞争形势来看，这种产业结构并不利于企业的发展，更容易被市场淘汰。

传统销售渠道的典型案例包括在阿克苏市、温宿县、新和县、叶城县、和田县等核桃主产区建设核桃批发交易市场及仓储加工集配中心项目。这些项目积极开展核桃的收购、加工、销售、电子商务等一体化经营和服务，促进核桃产销两旺。

2. 旅游销售渠道

南疆依托丰富的旅游资源，积极推进林果业与文旅融合发展，将示范点、果园等纳入旅游风景道规划，加强旅游公共服务配套设施建设，为林果业与文旅产业深度融合提供了良好条件。南疆积极推动林果产业与文化、旅游、餐饮、电商、物流等行业深度融合、协同发展，加快建设集文化观光、展示销售、品鉴体验、旅游休闲、餐饮娱乐为一体的"林果业+文化+旅游+商贸"的林果产业。

3. 电子商务销售渠道

对于新疆林果产品的销售来说，传统的线下销售模式仍然是其主要销售模式，但是随着电商经济的不断发展，互联网销售的占比还在不断增长。以阿克苏地区为例，通过从电商协会所获取到的统计数据可知，2019年此地区林果产品线上销售额约4.2亿元，2020年虽受新冠疫情影响，8月底此地区林果产品线上销售额仍达到7700万元。

以喀什疆果果农业科技有限公司为例。该公司在进行多维度创新,推进新疆干坚果"互联网+"营销模式的发展,打造直播经济、数字经济,形成"线上+线下""体验+场景产品+服务"的营销新模式。"疆果果"在淘宝、京东、抖音、今日头条、中国电信天虎商城、中国工商银行融易购商城、广州市建筑集团、中国社会扶贫网、中国建设银行善融商城、扶贫832、国家电网慧农帮等600余家第三方平台开设有商城。通过76个合作社,1个生产基地,5个大仓(喀什、西安、广州、深圳、上海),10个大中城市(喀什、北京、上海、深圳、广州、长沙、成都、西安、郑州、南京)服务网点,个性化定制服务,使销售网络遍及全国各地,借助消费帮扶的"东风",打通一、二、三产产业链,上游服务农户解决种植初加工问题,下游服务客户解决消费体验问题。2023年,该公司实现了全年营收3.5亿元的目标。

二、品牌建设

农业品牌的成功,离不开独特的品牌形象和识别系统,具体包括品牌名称、标志、标识和包装等元素,这些元素必须与品牌定位和目标消费群体相匹配,同时,产品质量与安全保障体系是品牌的基础和保障。加强生产管理、加强农产品质量检测和认证,可确保农产品符合消费者的品质要求,提高品牌美誉度。同时,我们还需推行农产品的标准化生产,建立和执行具体的生产标准,对产品种植、养殖、收获、加工等环节进行规范化管理。

(一)南疆核桃品牌建设中存在的问题

1. 南疆整体存在农产品加工流通的产业化、组织化、规模化程度不高,品牌农产品供给能力有限,加工的小类产品较多等问题,部分企业"只有礼品,没有商品",流通渠道少,销售网络联动弱,营销成本高,各企业自主经营,销售单独运作,供应链各环节力量薄弱,造成农产品品牌知名度不高,影响力不足。农产品精深加工能力不足,包装不精、特色不明显,初加工企业比重过大,产业链条短,农产品品牌附加值低。同时新品研发水平落后,同质化产品多,市场核心竞争力不强，辐射中高端市场的能力较弱，经营管理人才缺乏。

2. 新疆核桃在市场宣传和品牌建设方面力度略显不足，相较于内地省份在核桃市场宣传和品牌建设方面差距较大，对市场的开拓有待提升。南疆各主产区的核桃种植农户以统销方式进行销售，品种混杂，没有进行分级处理、分级销售，一定程度上影响了新疆核桃在市场上的产品品牌形象和口碑。南疆核桃产品品牌销售流通体系和网络营销体系建设相对落后，系统化、标准化模式需要加大投入。这制约了新疆较偏远地区核桃种植农户产品的外销。新疆地区的农民合作社组织农户协同化管理能力较弱，孵化、培育本地龙头企业的难度较高，无法有效发挥市场连接市场、农合和企业的纽带作用。

3. 大部分生产主体虽然有品牌意识，但面对品牌建设中所需要的大量资金、设备、人力等投入，大多不敢贸然投入。同时他们大多没有长期规划，因眼前短期利益，选择贴牌来短期提高企业营业收入，提升产品销量。但这会影响产品特色和形象，影响生产主体自主创新意识及市场竞争力的提升，从而不利于品牌发展。

（二）南疆核桃品牌建设和打造过程中的举措

1. 品牌的发展需创建多元化的营销渠道，实现线上与线下相结合。市场、超市、农产品专卖店等，通过与零售商、经销商建立合作关系，将产品推向市场。

2. 品牌的发展离不开推广活动，提升品牌知名度和美誉度。可以通过组织农产品节庆活动（包括中国农民丰收节等）、举办产品推介会、参加农业展览等方式来推广品牌，尤其是要用好展会平台，或参加中国国际农产品交易会、新疆农产品交易会、海丝会、糖酒会等展示、展销活动，持续扩大核桃类产品在国内大中城市的销售规模和影响力。

3. 政府有关部门可以拓展数字营销渠道，如"农产品+直播+电商平台""农产品+认养""农产品+社群"等多元化营销推广方式，以提高农产品的销量，提高品牌的知名度。

4. 核桃加工企业中面临龙头企业带动能力差、中小企业规模小、抗风险能力不足等问题，也成为核桃产业链发展中的薄弱环节。一方面，要积极引进新技术，创新产品生产线，推动核桃深层次加工，拓展核桃销售产品，优化核桃产业链，提升产品价值。鼓励龙头企业通过外包、兼并、租赁等方式扩大公司经营规模，保证其正常发展的同时，为中小企业提供相应的技术指导，带动中小企业共同发展。另一方面，要立足现有产业发展，组织建立核桃加工园区。从产业发展来说，通过建设加工园区，可以把众多的中小型加工企业集聚起来，形成核桃产业技术集聚区，有利于市场信息资源共享，还可以辐射到周边城市的核桃产业，促进各个城市间的技术交流。从资本发展来说，这还有利于加大招商引资力度，吸引更多外商来投入核桃产业，提升核桃产业的市场价值。

5. 加快建设南疆核桃产品品牌，做好"三标一品"建设工作。建设新疆核桃地理保护标志、区域品牌知名度、企业著名商标等相关建设工作。新疆各地州宣传部门要积极对接央视、各大省市电台及新媒体开展新疆农产品公益宣传广告和推介工作。结合新疆旅游文化，挖掘新疆核桃的历史文化底蕴。发挥内地对口支援新疆机制的作用，在援疆对口省市建立销售宣传体系，为新疆核桃产品销售扩宽渠道。目前，新疆已经创建"新疆核桃"等6个区域公共品牌。接下来，新疆应加大地理标志产品保护、区域公用品牌培育和宣传推广力度，引导企业以资本运营和优质品牌为纽带，全力叫响新疆薄皮核桃金字招牌。还应鼓励各县（市）入驻阿里巴巴、京东、苏宁等大型电商平台，深化与京东新疆馆、苏宁易购等知名电商平台线上线下联合营销，支持发展"电商+龙头企业+农户"的合作采销模式，实现村有收购点、乡有专营店、县有电商平台，大力推销喀什地区特色果品。

三、进出口贸易

新疆是"丝绸之路经济带"的核心区域，"一带一路"沿线的重要节点，中欧班列的开通和多个一类、二类口岸的常态化运营使南疆核桃向中亚、西亚等国出口更加便捷。南疆地区是新疆核桃的主产区，核桃出口额居全国首位，其进出口贸易情况对全国核桃进出口贸易有重要影响。

据2022年第四季度到2023年第三季度的进出口情况显示：新疆核桃和核桃仁的出口量均排全国第一，分别为39372.83吨和21303.40吨，分别占全国总出口量的31.07%和46.08%。与2022年同期相比，核桃的占比略增，核桃仁占比大幅提升了7%。新疆核桃的主要出口国排名前三的国家分别是吉尔吉斯斯坦（25056.34吨）、哈萨克斯坦（4481.88吨）、巴基斯坦（4381.88吨），分别占新疆出口量的63.64%、11.38%、11.13%，该三国核桃的进口量占新疆出口量的86.15%，为新疆核桃主要出口目的地。同期，新疆核桃仁出口国排名前两名的国家分别是吉尔吉斯斯坦（16997.12吨）和哈萨克斯坦（2212.45吨），分别占新疆出口量的79.79%和10.39%，两国的核桃仁进口量占新疆出口量的90.18%，为新疆核桃仁主要出口目的地。从调研数据中也可以看出，在核桃仁的出口方面，山东排名第二，但出口量仅为新疆的一半左右。新疆的核桃和核桃仁出口国较为集中，同时也有新的国家出现在出口目录中。这表明新疆核桃和核桃仁的出口空间还可以进一步扩展。

第四节　南疆核桃从业人员

一、种植业从业者

南疆核桃从业者年龄偏高，多为40岁以上，农户老龄化倾向明显。如今，绝大多数农村青壮年倾向于外出打工。因为核桃价格偏低，核桃种植与外出务工收益相比较低且更辛苦，导致核桃园中的人工投入量偏低。调研显示，农户受教育水平偏低，核桃生产以家庭生产为主，规模普遍偏小，家庭劳动力数量约为2个，种植面积均值为户均2—50亩不等，个人劳动收入水平低。部分农户核桃生产经营收入在家庭总收入中占比高达90%。超过20%的农户加入了合作社。加入合作社是农户获取知识技能、获得农业信息的途径之一。

2019年，自治区实施林果业提质增效工程以来，建立了自治区有专家组、地州有团队、县（市）有骨干、乡镇有技术员、村有明白人的五级林果技术服务体系。目前，全疆区、地、县林业系统中从事核桃产业研究和技术推广的人员近千人。通过探索建立有偿化社会服务机制，使技术服务队队员在提升个人技术水平的同时，带动当地果农增强果园管理意识，也提高了果农个人收入，为基层培养了一支留得住、用得上、能干事的技术力量。林果业提质增效工程在南疆五地州促进产值增幅较大，高于全疆平均水平。调查发现，南疆完全掌握栽培技术的农民占比86.9%，较2017年增加2.43倍。

二、加工业从业者

核桃加工企业需要大量的劳动力来进行核桃的采摘、去青皮、清洗、烘干、筛选、分级、破壳、取仁等初加工以及包装工作，这为当地农民提供了大量直接的就业岗位。在一些注重研发的企业，从业人员呈现多元化和专业化，分工包括产品研发、生产管理、质量控制、设备维护等方面。由于核桃加工涉及核桃品牌的打造、标准化初加工率的提高以及深加工利用率的提升等知识，因此，核桃加工企业的人员多为具有农业、林业、食品科学、化学工程等相关专业的知识和技能的高学历人员。

以喀什地区为例，近几年，喀什地区在核桃产业链延伸、品牌建设、销售渠道拓展等方面聚焦发力，制定土地、税收等一系列优惠政策，扶持核桃加工企业建基地、促加工、拓市场、育品牌，一系列举措快速增加了核桃加工业从业者的数量，提高了从业者的收入。2022年，全地区核桃加工企业达到69家、合作社122家，收购核桃8.04万吨，加工量7.99万吨，营收16.83亿元。其中，叶城县共计有14家核桃初深加工企业（其中，农业产业化国家重点龙头企业2家，省级龙头企业2家），44个核桃卫星工厂，年核桃加工量约7万吨，极大地提高了叶城核桃的产品附加值，增加了就业岗位。泽普县构建了"公司+合作社+农户"的模式，开展核桃全产业链、供应链的平台建设，目前，全县共有核桃等林果加工销售经营主体77家，其中加工企业28家、合作社49家，年加工核桃5万余吨，大量吸纳了核桃加工从业者。

三、三产领域从业者

南疆核桃三产领域的从业者主要包括分销商、零售商、服务商、研究人员和政策制定者、行业协会组织等。其中，分销商负责将加工好的核桃产品销售给零售商、超市、餐馆等客户，他们可能是批发商、代理商或者经销商。随着电商的兴起，"互联网+商业"形式促使线上新媒体销售人员也成为第三产业的从业者；零售商负责将核桃产品直接销售给消费者，他们可能是超市、便利店、网店等各类零售商，发达的网络传播使得网店零售商在核桃产品销售中占据越来越重要的地位，不仅助力本地的核桃产品传播，也为核桃产品的销售提供更加便利的渠道。服务商为核桃产业链提供各种服务，如物流、包装、广告、市场调查等，他们可能是物流公司、广告公司、市场调查公司等。一些地区以当地核桃为品牌开发文旅项目，从事这些文旅项目的从业者也成为核桃第三产业服务商的一部分。研究人员和政策制定者负责研究核桃产业的发展趋势、市场需求、技术创新等，并为政府和企业提供政策建议，他们可能是大学教授、研究所研究员、政府部门工作人员等。行业协会和组织代表核桃产业的利益，为从业者提供信息、资源和支持，他们可能是核桃产业协会、农民合作社等。

南疆核桃领域从业者在一二三产融合发展的利好政策下，在核桃产业中可以更好地发挥引领、助推作用，在创建南疆核桃品牌、培育南疆核桃市场、参与田园综合体建设、文旅服务业中不断发力，利用网络电商平台，扩大销售市场和营销渠道，在南疆核桃产业转型升级中发挥出不可或缺的作用。

第二章

南疆核桃产业发展
外部环境

南疆地区是我国重要的商品核桃生产基地，生产的核桃具有早实、壳薄、出仁率高等诸多优点，核桃产业成为当地农民增收致富的支柱产业。南疆核桃产业快速发展具有显著的内在依据，如南疆悠久的核桃栽培历史，得天独厚的气候条件以及在绿洲内部建园式的种植模式等，这些都是南疆核桃产业得以快速发展的重要内因。外部环境条件对南疆核桃产业同样起到了重要的促进作用，有力推动了南疆核桃产业的发展。这些外部环境条件包括政策环境、技术环境、市场需求等。本章将从不同层级的促进政策、科技支撑、市场需求等方面阐述外部环境对南疆核桃产业发展的推动作用，并与国内其他地区进行对比，以深入探讨产业存在的优势和不足，为南疆核桃产业的高质量、可持续发展提供参考。

第一节　政策环境

一、国家层面的促进政策

木本油料行业是我国经济林产业的重要组成部分，是我国优质食用油的重要来源，也是解决国家粮油安全的有效途径。我国人多耕地少，粮油安全一直是我国长期面临的战略性问题。为了解决国家粮油安全问题，让中国百姓的"油瓶子"尽可能多装中国油，满足我国人民生活水平不断提高的需要，党的十八大以来，党中央把保障粮油安全摆在重要位置，坚持中国人的饭碗任何时候都要牢牢端在自己手中，一系列鼓励木本油料产业发展的政策措施相继出台。核桃作为我国种植面积居首的木本油料被寄予厚望。

2014年，国务院办公厅印发《关于加快木本油料产业发展的意见》，指出木本油料等特色经济林产业是提供健康优质食用植物油的重要来源，明确要求建成一批核桃等木本油料重点县。2020年，国家林业和草原局联合国家发改委、科技部、财政部、自然资源部、农业农村部、人民银行、市场监督总局、银保监会、证监会等10部门印发《关于科学利用林地资源 促进木本油料和林下经济高质量发展的意见》，对木本油料产业发展进行了全面的布局和政策设计：到2025年，促进木本粮油产业发展的资源管理制度体系基本建立；到2030年，形成全国木本粮油产业发展的良好格局。这凸显了木本油料产业发展在维护国家粮油安全、巩固脱贫攻坚成果、促进乡村振兴和生态文明建设中的重要作用。2022年，国家林业和草原局印发《关于科学开展2022年国土绿化工作的通知》，强调各地要充分发挥森林和草原生态系统的多种功能，培育林草主导产业、特色产业和新兴产业，积极探索、推广"绿水青山就是金山银山"的转化路径，推广兼顾生态和经济效益的绿化模式，合理安排种植面积，加大品种改良、低产林改造，大力发展核桃等木本油料产业，提高木本油料供给能力，切实维护国家粮油安全。

"十四五"期间，国家林业和草原局配合科技部，继续加大对木本油料科技创新的支持力度，部署实施"林业种质资源培育和质量提升"重点专项，启动主要经济林优质高产新品种创制与精准栽培技术、新疆核桃等特色油料作物产业关键技术研发与应用等项目，开展以核桃等木本油料树种为代表的木本油料优质高产新品种创制与精准栽培技术、轻简栽培和高效采收装备攻关，推动木本油料产业高质量发展。国家林业和草原局重点围绕油茶、核桃、仁用杏、榛子、板栗等木本粮油经济林树种，组织编制了《全国经济林发展规划（2021—2030年）》。

党中央、国务院及各部委相继出台的这些政策旨在提高核桃产业的整体竞争力，提升产品质量，增强产业链条的完整性和现代化程度，从而带动农民增收、农业增效和农村产业结构优化。我国是一个油料油脂的生产和消费大国。我们要坚持问题导向，完整、准确、全面贯彻新发展理念，坚持大食物观，以构建经济林高质量发展的产业体系、生产体系和经营体系为目标，强化市场导向和创新驱动，推行适区适种、绿色标准化机械化生产，发展适度规模经营和社会化服务，着力提高全要素生产率，走规模适度、结构合理、特色鲜明、模式先进、环境友好的高质量发展之路，更好地服务国家重大需求，实现产业兴、百姓富、生态美。

二、自治区层面对核桃产业的促进政策

林果业作为新疆林业经济发展的重要动力与经济增长的亮点，其发展得到了自治区政府的高度重视和大力支持。在自治区层面，核桃为新疆第一大林果树种，主要分布在阿克苏、和田、喀什等南疆三大产区，是当地农村的重要支柱产业。种植核桃的收入占人均收入30%以上，部分主产县超过50%。多年来，自治区各级党委、政府重点关注和支持当地核桃产业，当地核桃产业在解决南疆集中连片"边、少、贫、欠"地区富余劳动力就业、农民增收、繁荣当地经济、促进边疆稳定、改善南疆脆弱和恶劣生态环境方面发挥了积极作用。

2018年，自治区启动"林果提质增效工程"，以"一户一个明白人"培训工程为抓手，通过与自治区专家服务团联动，下沉县、乡、村开展林果技术服务，果农素质、经营管理水平、果品产量品质均实现明显提升，由"千军万马、千家万户"齐上阵的、以家庭为单位的分散性资源配置，通过果园有序流转，由小农户经营向以大农户、合作社、企业为主的集中式资源配置转变。自治区党委组织部、党委农办创建了核桃产业专家团队，充分发挥了人才引领作用，采取"龙头企业+基地+农户"模式，推动林果集中连片基地种植，规模化集约效益逐渐显现。南疆核桃产业从依靠出售通货原果为主，向果品分级出售、加工产品更丰富多样转变，通过推进一二三产融合发展，形成集合发展的林果循环生产链，在疆内形成了一批具有规模、品牌的核桃深加工领军企业，产业链得到进一步丰富和延伸，产业附加值不断提高。近年来，自治区支持核桃产业发展的相关政策如表2-1所示。

表2-1　自治区支持核桃产业发展相关政策

时间	发布部门	政策名称	内容
2018年5月	新疆维吾尔自治区人民政府办公厅	《关于加快推进农业供给侧结构性改革　大力发展粮食产业经济的实施意见》	加快发展粮食精深加工与转化,推进油脂产品精深加工,加快发展核桃油、红花籽油、胡麻油、葡萄籽油、香茄籽油、玉米胚芽油、杏仁油等特色小品种食用油,满足高端市场需求
2019年11月	新疆维吾尔自治区人民政府	《关于加快推进农业机械化和农机装备产业转型升级的实施意见》	以红枣、核桃、葡萄等果品为主,因地制宜推广移栽、修剪、开沟施肥、中耕松土、高效植保、埋藤与开墩(葡萄)、微灌等成熟机械化技术
2020年6月	新疆维吾尔自治区农业农村厅	《2020—2025年自治区推进农产品地理标志品牌建设意见》	重点登记"库尔勒香梨""阿克苏苹果""叶城核桃""温宿核桃""莎车巴旦木""英吉沙赛买提杏""疏附木亚格杏""疏附开心果""阿克陶巴仁杏""阿图什木纳格葡萄""阿图什无花果""和静巴州牦牛""巴音布鲁克羊肉"等特色优势产品,打造农产品地理标志"金"字招牌
2021年2月	新疆维吾尔自治区第十三届人民代表大会第四次会议	《新疆维吾尔自治区国民经济和社会发展第十四个五年规划和2035年远景目标纲要》	做强林果产业,突出绿色化、优质化、特色化、品牌化,推动林果业标准化生产、市场化经营、产加销一体化发展,做优做精红枣、核桃、巴旦木、葡萄、苹果、香梨、杏、新梅、枸杞等品种,支持南疆建设一批林果产品加工物流园和交易市场,增加优质高端特色果品供给。"十四五"末,全区林果面积稳定在2200万亩左右,果品产量达到1200万吨左右
2021年6月	自治区科技厅、自治区农业农村厅等	《万名农业科技人才服务乡村振兴行动实施方案》	选派100名左右自治区农业科技服务首席专家,引导1000名左右地州市农业科技服务骨干人才,带动10000名左右市县农业技术人才,组建技术服务团队,到县包乡联村带户开展农业科技服务,实现全覆盖

三、各区县对核桃产业的促进政策

核桃是新疆传统林果树种之一,栽培广泛,历史悠久,种质资源丰富。截至2022年底,新疆核桃种植面积达到636万亩,产量达127.22万吨。核桃已成为南疆多个区域和县（市）的特色主导产业，其中阿克苏、喀什、和田三个地区的核桃种植总面积占全区种植总面积的94.60%，占总产量的98.30%。目前，新疆有49个县（市）栽培核桃，其中温宿、库车、沙雅、新和、乌什、阿瓦提、泽普、叶城、莎车、巴楚、麦盖提、和田、墨玉、洛浦、策勒、于田等16个县（市）种植面积超过10万亩。温宿县是阿克苏地区核桃产量最大的县（市），2021年核桃种植面积达70余万亩，曾获"国家级核桃示范基地"和"全国知名品牌创建示范区"等称号，是温宿县农民最重要的支柱产业。喀什地区叶城县被称为"中国核桃之乡"，是新疆核桃种植面积最大的县（市），2021年核桃种植面积达80余万亩，是全国首批和第二轮被命名的经济林核桃之乡，2009年被命名为"国家地理标志保护产品"，2017年成功承办全国产业扶贫现场会。新疆各区县核桃产业发展相关政策如表2-2所示。

表2-2　各区县核桃产业发展相关政策

时间	发布部门	政策名称	内容
2023年4月	温宿县人民政府	《贯彻落实自治区〈政府工作报告〉和2023年行署第一次全体会议重点工作的责任分工方案》	实施林果业优质高效行动。持续巩固125万亩特色林果业面积，积极稳妥推进林果区域化布局调整和品种更新升级，狠抓整形修剪、密植园改造、大树改接花果调控、病虫绿色防治水肥一体化冲施、机械化施肥关键技术措施，加强标准化生产，加快示范园转示范区建设，提高优质果品产量和果品商品率，确保林果面积达125.9万亩，实现挂果面积达122.5万亩，总量达到58.7万吨。大力发展果品精深加工，建设优质特色林果产业集群，加大林果精深加工、副产物综合利用企业招商引进，积极培育林果合作社和产业联合体，持续提升产地初加工水平，力争干果初加工率、鲜果果品采后贮藏保鲜率达到60%以上，精深加工率达到10%以上。全力推动核桃全产业链新建、续建项目，促成企业完成年度投资计划，不断补齐补强产业链，实现产品加工的高端化和科技创新化
2023年5月	叶城县乡村振兴局	《叶城县衔接资金帮扶项目联农带农实施细则》	支持全产业链发展。以核桃、万寿菊、甜菜、红薯、马铃薯、铁提大葱等为主的特色作物产业链，集鲜果智能化分类分选、干坚果精深加工于一体的林果产业链

续表

时间	发布部门	政策名称	内容
2021年3月	叶城县人民政府	《叶城县特色林果政策性保险奖补工作实施方案》	对核桃等6个树种开展政策性保险。通过加强组织协调和宣传动员，提升特色林果保险覆盖面，推动建立健全科学公正、信息共享、保障有力、运转高效、功能完备的特色林果保险考核评价服务体系，减少林果灾害损失，降低生产经营风险，保障农民利益，推进特色林果保险健康持续发展
2023年10月	乌恰县发改委	《乌恰县国民经济和社会发展第十三个五年规划纲要》	创建农业产业化示范基地，推进原料生产、加工物流、市场营销等一二三产融合发展，促进产业链增值收益更多留在产地、留给农民。有效利用国际国内两个市场、两种资源，进一步加大农产品企业参加新疆农产品北京交易会、上海交易会、广州交易会、中国农交会等系列展会及疆外城市推介、销售活动。依托两个口岸优势，加快外向型农业发展，促进核桃、红枣、秋桃、蔬菜等产品出口
2019年4月	乌恰县农业农村局	《乌恰县2019—2021年产业扶贫暨长效机制建立指导意见》	主要以果苗（杏树苗、核桃苗、桑苗）、绿化苗（沙枣苗、柳树苗、地被植物）、饲料苗（桑苗、沙枣苗）、木本花卉苗为主。以戈壁产业园、苗木产业扶贫、庭院经济扶贫、培育合作社等为抓手，全力培育发展苗木产业。布局规模：2021年达到5000亩
2023年10月	和田市发展和改革委员会	《和田市国民经济和社会发展第十四个五年规划和2035年远景目标纲要》	提质增效林果业。推动林果产业区域化布局、标准化生产、市场化经营，推动林果业产加销一体化发展。加快推动林果标准化基地建设，继续实施林果提质增效工程，加大核桃疏密改造力度，有序推动低产低效林地退出。到2025年，全市完成林果提质增效10万亩，林果面积稳定在26.4万亩左右，产量达到7.63万吨左右，果品加工率达到70%以上
2023年6月	沙雅县政府办	《沙雅县2023年民生实事工作方案》	加强林果提质增效。坚持绿色化、优质化、特色化、品牌化发展方向，适度发展名优特新品种和设施林果，以核桃品种改良升级为重点，大力引进林果产品精深加工龙头企业，引导80%以上果农加入林果业合作社，加快林果标准化生产和示范园建设，2023年，林果面积稳定在25.8万亩以上，果品产量达到11.5万吨，人均林果业纯收入3207元以上，占农民人均纯收入的14.19%以上

第二节　技术环境

一、科技进步的促进作用

科技进步是推动社会发展的关键因素之一。在农业领域，这一论断尤为显著，科技的应用不仅极大地提高了农业生产的效率和产出，还改善了作物的质量，促进了生产的可持续性。特别是对于位于中国西部的南疆地区而言，这一点尤为重要。南疆地区以其独特的自然环境，成为中国重要的核桃生产基地。核桃产业是当地重要的传统产业之一，也是当地农民收入的重要来源。然而，受限于传统农业种植模式和加工方式，核桃产业发展面临种种挑战，主要表现在产量和品质的提升、病虫害的有效控制、市场竞争力的增强等方面。在这样的背景下，加强技术研究对于推动南疆核桃产业的发展具有深远的影响。

技术研究涵盖的领域广泛，从种质资源的保护和利用、种植技术的创新，到加工技术的改进和产品的深加工，再到市场分析和预测技术的应用等都在其涵盖范围内。这些技术的研究和实践不仅能够解决核桃产业当前面临的问题，提高核桃的产量和品质，还能够开发新的核桃产品，提升核桃产业的整体价值链，增强其在国内外市场的竞争力。

随着科技的进步，南疆核桃产业的发展迎来新的机遇，新技术的应用不仅能够提升传统农业的效率，还能促进核桃产业向着更加绿色、高效、可持续的方向发展，发挥不可替代的推动作用。

（一）智能化农业技术的引入

随着科技的快速发展，推广智能化农业技术已成为现代农业生产中的一大趋势。这些技术的引入，特别是在南疆地区的核桃种植业中，不仅提高了种植效率，还实现了资源的高效利用，为核桃产业的可持续发展提供了重要支撑，同时也正在彻底改变传统的种植管理模式。

GIS（地理信息系统）可以提供核桃种植区域的详细地理信息，包括土壤类型、水资源分布、气候条件等,帮助种植者做出更科学的种植决策。通过GIS分析,种植者可以选择最适合核桃生长的地块,优化种植布局,提高土地利用率。

精准农业技术通过集成土壤分析、水肥一体化管理、无人机监控等高新技术手段,为核桃种植提供了科学化、精细化的管理方案。例如,利用先进的土壤检测技术,如土壤电导率测定、土壤养分快速检测仪等,农户能够准确掌握土壤的营养和水分状态,从而科学制订施肥和灌溉计划。

水肥一体化技术通过精确控制水和肥的供给,实现了水肥同步灌溉,既保证了作物生长所需的营养,又避免了水资源的浪费;无人机在核桃园中的应用,包括病虫害监测、作物生长监控和农药施撒等,这些都大大提高了农业生产的效率和准确性,同时降低了人力成本。

在核桃产业中,大数据可以收集和分析从种植、管理到销售的全链条数据,帮助农户洞察市场趋势,优化种植策略。通过对历史气候数据、产量数据、市场需求等信息的分析,大数据技术可以预测未来的市场变化,指导种植者进行合理的种植规划和库存管理。

物联网技术通过在核桃园安装各种传感器,实时监测提供土壤湿度、温度、光照强度等环境参数,并将数据传输至农户或管理者手中,实现对核桃园的精准管理。此外,物联网技术还可以控制灌溉系统、施肥系统等,实现智能化管理,减少人力成本,提高生产效率。

综上所述,GIS、大数据和物联网等农业信息化技术的应用,不仅优化了资源配置,提高了生产效率,还增强了南疆核桃产业的市场适应能力和竞争力,为产业的可持续发展奠定了坚实的基础。随着技术的不断进步和应用的不断深入,农业信息化将在促进南疆核桃产业发展中发挥越来越重要的作用。

(二)现代灌溉技术的实施

在南疆这样一个干旱气候条件下,水资源的有效管理对于核桃等农作物的稳定生产至关重要。现代灌溉技术的实施,不仅能够保障核桃园在干旱季节的水分需求,促进核桃正常生长和果实成熟,还能够应对气候变化带来的不确定性风险,提高核桃产业的抗风险能力。

1. 稳定产量：通过精确控制灌溉量，现代灌溉技术能够为核桃树提供最优的生长条件，保证核桃产量的稳定，减少因水分不足导致的产量波动。

2. 提高品质：适宜的水分条件对于提高核桃的品质至关重要。过多或过少的水分都会影响核桃的口感和营养价值。现代灌溉技术通过精确控制水分供给，有助于生产出品质更优的核桃，提升产品的市场竞争力。

3. 促进可持续发展：高效的水资源利用不仅有助于保护环境资源，减少水资源的浪费，还能降低生产成本，增加农户的收入，促进核桃产业的可持续发展。

实施现代灌溉技术对于南疆核桃产业的稳定生产和长远发展具有重要意义。高效利用有限的水资源，不仅能够保障核桃的稳定高产，还能够提升核桃的品质，增强核桃产业的竞争力，为实现农业可持续发展贡献力量。

（三）病虫害综合管理技术

在南疆地区的核桃产业中，加强对病虫害的管理是提高产量和保证核桃品质的关键环节。随着科技的进步，病虫害管理已经从传统方法向现代化、科学化的管理策略转变。这种转变主要体现在生物防治与化学防治相结合的病虫害管理策略，以及高科技监测和预警系统的应用上。

1. 综合管理策略：生物防治、化学防治和物理防治相结合

（1）生物防治：利用天敌或者病原微生物来控制病虫害的自然方法。例如，通过引入或增殖天敌如捕食性昆虫、寄生蜂等，来抑制害虫的数量；或是使用微生物制剂（如杀菌剂、杀虫剂）来直接控制病害和害虫。生物防治的优点在于对环境友好，有助于维持生态平衡。

（2）化学防治：使用化学农药来控制或杀灭病虫害。尽管化学药物的防治效果显著，但过度依赖，可能导致病虫害抗药性增强、环境污染和对非目标生物造成伤害。因此，在综合管理策略中，化学防治通常作为最后的手段，且强调合理用药和轮换使用不同作用机理的农药，以减少负面影响。

（3）物理防治：通过物理方法来减少病虫害的发生。这包括使用粘虫板、性诱剂陷阱、物理隔离（如防虫网）等方法。物理防治是一种环境友好型措施，能够有效减少化学农药的使用。

2. 病虫害管理技术对提高核桃产业可持续发展能力的贡献

通过综合病虫害管理技术减少化学农药的依赖，不仅降低了生产成本，还减轻了农业生产对环境的影响，促进了生态系统的健康和生物多样性的保护。这一策略的实施，有助于构建一个更加稳定和可持续的农业生产系统。

（1）环境保护：通过减少化学农药的使用，减轻了对土壤和水源的污染，有助于保护和改善农业生态环境。

（2）提升产品品质：使用生物和物理防治手段，可以减少农产品中的化学残留，生产出更加安全、健康的核桃产品，满足市场对高品质农产品的需求。

（3）增强市场竞争力：生态友好的生产方式和高品质的产品，可以提升南疆核桃在国内外市场中的竞争力，为核桃产品开拓更广阔的市场提供支撑。

（4）促进农户收益：综合病虫害管理技术有助于稳定和提升核桃的产量和品质，进而增加农户的收益，推动地区经济的发展。

综上所述，综合病虫害管理技术的应用，对于提高南疆核桃产业的可持续发展能力具有重要意义，它不仅有利于环境保护和提升产品品质，还能增强市场竞争力，促进经济效益的提高，为实现绿色农业和可持续发展目标提供了有效途径。

（四）核桃深加工技术的发展

随着消费者对高品质农产品需求的增加，核桃深加工技术成为推动新疆南疆核桃产业发展的重要力量。南疆地区通过引进和发展新型加工技术，以及创新包装和保鲜技术，不仅提升了核桃产品的附加值，还延长了产品的保质期，扩大了市场消费范围。

1. 探索新型核桃加工技术

新型加工技术，如低温冷榨、超临界CO_2萃取、微波干燥技术等，对提升核桃产品的附加值起到了关键作用。这些技术能够更好地保留核桃的营养成分和天然风味，提高了产品的品质和市场竞争力。低温冷压技术：用于核桃油的提取，相比传统的热压法，低温冷压能更好地保留核桃油中的天然成分和香气，提高了核桃油的品质。超临界CO_2萃取技术：这是一种高效的萃取技术，可以在不破坏油脂品质的情况下，从核桃中提取纯净的核桃油，同时保留更多的生物活性物质。微波干燥技术：相比传统的干燥方法，微波干燥能更均匀快速地去除核桃中的水分，有效避免了过度加热造成的营养成分损失，提高了核桃干果的品质。

2. 深加工技术如何提升核桃产品附加值和市场竞争力

深加工技术的应用，不仅能够提高核桃产品的品质和营养价值，还能开发出多样化的核桃产品，如核桃蛋白粉、核桃奶等，满足市场上对健康食品的多元需求。高品质的核桃油和创新的核桃深加工产品能够吸引更多消费者，提高产品的市场认可度和品牌价值。此外，深加工产品通常具有更高的附加值，能够为生产者带来更高的经济收益，增强整个核桃产业的竞争力。

3. 后期处理技术在延长产品保质期、拓宽市场中的作用

这些新型加工技术的应用，不仅提升了核桃产品的品质和健康价值，还增加了产品种类，如核桃蛋白粉、核桃奶等，进一步提高了核桃的市场附加值。包装和保鲜技术的创新，对延长核桃产品的保质期、提高产品的市场竞争力具有重要意义。例如，采用真空包装、气调包装和冷链物流等技术，可以有效减缓核桃产品的氧化和劣变，保持产品的新鲜度和营养价值。真空包装技术：通过抽除包装内的空气，减少了氧气与核桃产品的接触，有效延长了产品的保质期。气调包装技术：通过调节包装内的气体成分，创造最适宜核桃保存的环境，进一步延长了产品的保鲜时间。冷链物流：从生产、存储到运输整个链条的低温控制，保证了核桃产品的新鲜度和品质，满足了远距离市场的需求。

综上所述，新型核桃加工技术的推广和后期处理流程的优化对于提升南疆核桃产业的产品附加值和市场竞争力具有重要作用。通过不断创新和应用这些技术，南疆核桃产业可以生产出更多高品质、高附加值的产品，满足市场需求，促进产业的可持续发展。

二、相关技术研究对南疆核桃产业的促进

在全球农业竞争日益激烈的当下，技术研究成为推动各地区农业发展的关键因素之一。特别是对于位于中国西部的南疆地区而言，这一点尤为重要。南疆地区以其独特的自然环境，成为中国重要的核桃生产基地。然而，受限于传统农业种植模式和加工方式，南疆核桃产业发展面临种种挑战，包括产量和品质的提升、病虫害的有效控制、市场竞争力的增强等方面。在这样的背景下，技术研究对于推动南疆核桃产业的发展具有深远的影响。

技术研究涵盖的领域广泛，从种质资源的保护和利用、种植技术的创新，到加工技术的改进和产品的深加工，再到市场分析和预测技术的应用等，都属于技术研究的范围。这些技术的研究和实践不仅能够解决核桃产业当前面临的问题，提高核桃的产量和品质，还能够开发新的核桃产品，提升核桃产业的整体价值链，增强其在国内外市场的竞争力。

随着科技的进步，尤其是科学院在生物技术、信息技术和材料科学等领域的突破，南疆核桃产业的发展迎来了新的机遇。

在接下来的章节中，我们将深入探讨各项技术研究在南疆核桃产业中的具体应用及其带来的积极影响。

（一）良种选育技术

在农业生产中，良种选育是提高作物产量、品质和抗逆性的基础。近年来，基因编辑和分子育种技术的快速发展，为提升南疆核桃产业的整体水平提供了新的解决方案。分子育种技术通过分子标记和基因组选择等手段，能够在不直接改变植物DNA序列的情况下，准确识别和选择具有优良遗传特性的个体进行杂交育种。这种方法加快了育种进程，提高了育种的准确性和效率。这些先进的良种选育技术能够显著提高南疆核桃的产量和品质。

（二）农业信息化技术

随着信息技术在农业领域的深入应用，农业信息化已成为提高农业生产效率和实现精准农业管理的重要手段。特别是在南疆核桃产业中，GIS、大数

据和物联网（IoT）等技术的应用，正在彻底改变传统的种植管理模式。

1. GIS：GIS可以提供核桃种植区域的详细地理信息，包括土壤类型、水资源分布、气候条件等，帮助种植者作出更科学的种植决策。通过GIS分析，种植者可以选择最适合核桃生长的地块，优化种植布局，提高土地利用率。

2. 大数据：在核桃产业中，大数据技术可以收集和分析从种植、管理到销售的全链条数据，帮助农户洞察市场趋势，优化种植策略。通过对历史气候数据、产量数据、市场需求等信息的分析，大数据技术可以预测未来的市场变化，指导种植者进行合理的种植规划和库存管理。

3. 物联网：物联网技术通过在核桃园安装各种传感器，实时监测土壤湿度、温度、光照强度等环境参数，并将数据传输至农户或管理者手中，实现了对核桃园的精准管理。此外，物联网还可以控制灌溉系统、施肥系统等，实现智能化管理，减少人力成本，提高生产效率。

农业信息化技术通过提供精准、实时的数据支持，使得资源配置更加科学合理，大大提高了生产效率。

1. 优化资源配置：利用GIS和大数据技术，种植者可以根据土壤、气候等条件选择最适宜的核桃品种，同时可以根据市场需求调整种植规模和结构。物联网则可以实现水肥一体化管理——根据作物生长需求精确施肥和灌溉，既保证了核桃的生长需求，又避免了资源的浪费。

2. 提高生产效率：农业信息化技术使得种植管理更加自动化、智能化。通过实时监控和自动调控系统，南疆核桃产业减少了对人工的依赖，提高了管理效率。此外，大数据分析还可以帮助种植者及时调整生产计划，以应对市场变化，减少损失，提高经济效益。

综上所述，GIS、大数据和物联网等农业信息化技术的应用，不仅优化了资源配置，提高了生产效率，还增强了南疆核桃产业的市场适应能力和竞争力，为产业的可持续发展奠定了坚实的基础。随着技术的不断进步和应用的不断深入，农业信息化技术将在促进南疆核桃产业发展中发挥越来越重要的作用。

（三）现代灌溉技术

在南疆这样一个干旱气候条件下，水资源的有效管理对于核桃等农作物的稳定生产至关重要。现代灌溉技术的实施，不仅能够保障核桃园在干旱季节的水分需求，保障核桃正常生长和果实成熟，还能够应对气候变化带来的不确定性，提高核桃产业的抗风险能力。

1. 稳定产量：现代灌溉技术通过精确控制灌溉量，能够为核桃树提供最优的生长条件，保证核桃产量的稳定性，减少因水分不足导致的产量波动。

2. 提高品质：适宜的水分条件对于提高核桃的品质至关重要。过多或过少的水分都会影响核桃的口感和营养价值。现代灌溉技术通过精确控制水分供给，有助于生产出品质更优的核桃，提升产品的市场竞争力。

3. 促进可持续发展：高效的水资源利用不仅有助于保护环境资源，减少水资源的浪费，还能降低生产成本，增加农户的收入，促进核桃产业的可持续发展。

（四）病虫害综合管理技术

病虫害的有效管理对于保障农业生产稳定性和提升作物品质至关重要。尤其对于南疆核桃产业而言，管理好病虫害，不仅能有效控制病虫害，还能减少对环境的影响，促进产业的可持续发展。

1. 综合管理策略：生物防治、化学防治和物理防治相结合

（1）生物防治：利用天敌或者微生物来控制病虫害的自然方法。例如，通过引入或增殖天敌如捕食性昆虫、寄生蜂等来抑制害虫的数量；或是使用微生物制剂（如杀菌剂、杀虫剂）来直接控制病害和虫害。生物防治的优点在于对环境友好，不易产生抗药性，有助于维持生态平衡。

（2）化学防治：使用化学农药来控制病虫害。尽管化学防治的效果显著，但过度依赖化学防治可能导致病虫害抗药性增强、环境污染和对非目标生物产生伤害。因此，在综合管理策略中，化学防治通常作为最后的手段，且强调合理用药和轮换使用不同作用机理的农药，以减少负面影响。

（3）物理防治：通过物理方法来减少病虫害，包括使用粘虫板、性诱剂陷阱、物理隔离（如防虫网）等方法。物理防治是一种环境友好型措施,能够有效减少化学农药的使用。

2.病虫害管理技术对提高核桃产业可持续发展能力的贡献

综合病虫害管理技术通过减少对化学农药的依赖,不仅降低了生产成本,还减轻了农业生产对环境的不良影响,促进了生态系统的健康和生物多样性的保护。这一策略的实施,有助于构建一个更加稳定和可持续的农业生产系统。

（1）环境保护:通过减少化学农药的使用,减轻了对土壤和水源的污染,有助于保护和改善农业生态环境。

（2）提升产品品质:使用生物和物理防治手段,可以减少农产品中的化学药物残留,生产出更加安全、健康的核桃产品,满足市场对高品质农产品的需求。

（3）增强产品市场竞争力:生态友好型的生产方式和高品质的产品,可以提升南疆核桃在国内外市场中的竞争力,为核桃产品开拓更广阔的市场提供支撑。

（4）促进农户收益:综合病虫害管理技术有助于稳定和提升核桃的产量和品质,进而增加农户的收益,推动地区经济的发展。

综上所述,综合病虫害管理技术的应用,对于提高南疆核桃产业的可持续发展能力具有重要意义。它不仅有利于环境保护和提升产品品质,还能增强市场竞争力,促进经济效益的提高,为实现绿色农业和可持续发展目标提供了有效途径。

（五）核桃深加工与后期处理技术

随着消费者对健康食品需求的增加,核桃产品的深加工和后期处理技术成为提升产品价值和拓展市场的关键。南疆地区作为中国重要的核桃产区,探索和应用新型加工技术与后期处理技术,对于提高核桃产品的附加值和市场竞争力至关重要。

1.探索新型核桃加工技术

冷压榨技术:冷压榨是在低温条件下提取核桃油的一种方法,与传统的热榨法相比,能更好地保留核桃油中的营养成分和天然香味。

超临界CO_2萃取技术:超临界CO_2萃取是一种在超临界状态下使用二氧化碳作为溶剂提取物质的技术。这种方法可以在不破坏油脂活性成分的情况下,高效提取核桃油,且无溶剂残留,产品更加安全、纯净。

2. 深加工技术如何提升核桃产品的附加值和市场竞争力

深加工技术的应用,不仅能够提高核桃产品的品质和营养价值,还能开发出多样化的核桃产品,如核桃蛋白粉、核桃奶等,以满足市场上对健康食品的多元需求。高品质的核桃油和创新的核桃深加工产品能够吸引更多消费者,提高产品的市场认可度和品牌价值。此外,深加工产品通常具有更高的附加值,能够为生产者带来更高的经济收益,增强整个核桃产业的竞争力。

3. 后期处理技术在延长产品保质期、拓宽市场中的作用

(1)包装技术:采用真空包装、充氮包装等现代包装技术可以有效隔绝空气和微生物,延长核桃产品的保质期。吸引人的包装设计还可以增强产品的市场吸引力。

(2)保鲜技术:通过低温储藏、冷链物流等保鲜技术,可以有效延缓核桃产品的老化和变质过程,保持产品的新鲜度和营养价值。这对于拓展远程市场,实现核桃产品的长距离运输尤为重要。

新型核桃加工技术和后期处理技术对于提升南疆核桃产业的产品附加值和市场竞争力具有重要作用。通过不断创新和应用这些技术,南疆核桃产业可以生产出更多高品质、高附加值的产品,满足市场需求,促进核桃产业的可持续发展。

三、主要科研机构的技术支撑

为了更好地解决南疆地区核桃产业中存在的问题,推动南疆核桃产业发展,自治区党委农办策划筹建了新疆核桃产业体系,同时,疆内外科研机构也高度关注南疆核桃产业发展,以核桃种植资源、栽培技术、机械设备、加工技术等产业链的各个环节为切入点,加强相关科技攻关,为南疆地区核桃产业发展提供了有力支撑。

（一）新疆林业科学院

新疆林科院提出了新疆核桃优质、丰产、早实、集约高效生产的目标，使新疆核桃优质高产潜势得以发挥，重点开展核桃资源创新、遗传育种、高效丰产栽培技术等方面的试验研究、技术研发和推广应用，为南疆核桃产业发展提供了技术支撑与服务。

1. 优良品种选育

新疆林科院在核桃优良品种选育方面的研究主要集中在核桃的脂肪含量和脂肪酸组成的分析、核桃品种的营养成分比较，以及通过孤雌生殖技术进行核桃品种遗传纯化等。研究发现，核桃的脂肪含量和脂肪酸组成在不同基因型间存在显著差异，这为核桃品种改良提供了重要依据。此外，通过对不同核桃品种种仁中的氨基酸、含油率和营养元素的研究，为核桃良种的开发提供了重要信息。近年来，新疆林科院获得国家林业和草原局授权的核桃新品种权5个，分别为'新叶1号''新和1号''墨宝''新辉'和'新盛'。

2. 高效栽培技术

在核桃高效栽培技术研究中，新疆林科院探索了不同负载量对核桃树体营养、生长及果实品质的影响，为确定核桃的适宜负载量提供了理论依据。新疆林科院通过对核桃与棉花间作模式的比较研究，揭示了间作对核桃果实品质及间作物光合生理特性的影响，为优化间作模式提供了理论支撑。此外，新疆林科院通过研究不同水肥处理对核桃光合碳同化和光合产物转运分配的影响，为核桃的灌溉和施肥管理提供了科学依据。

3. 病虫害防控技术

新疆林科院在核桃病虫害防控技术方面的研究，包括核桃腐烂病的症状、危害、病原菌、侵染循环、发病因素和综合防治措施的综述分析，以及通过田间药效试验筛选出对核桃腐烂病有效的防治药剂。这些研究成果为核桃腐烂病的防控提供了重要的理论和技术支持，有助于减轻病虫害对核桃产业的影响。

4. 高值化加工技术研发

新疆林科院关于核桃的高值化加工技术研究集中在核桃蛋白的提取与功能改性、核桃仁的营养成分及功能性研究、核桃脱青皮技术的优化等方面。研究发现，不同离子能够改变核桃蛋白的结构和功能性，如乳化性、吸水性和吸油性等，从而拓宽了核桃蛋白在食品领域中的应用。此外，新疆林科院通过对不同品种脱脂核桃粉的比较研究，揭示了各品种在营养成分和功能性方面的差异，为核桃产品的开发提供了科学依据。新疆林科院通过酶解改善核桃蛋白的溶解度和功能性，为核桃蛋白的进一步应用提供了新的技术路径。

（二）新疆农业科学院

新疆农科院开展的资源育种、高效栽培、加工技术与机械化装备等的相关研究与技术开发为核桃产业发展提供了有力支撑。

1. 良种选育方面

新疆农科院主要开展核桃优异种质资源的鉴定与筛选评价、常规育种与生物育种结合的种质创新、新品种（砧木）选育及配套繁育栽培技术体系研发等工作，采用SSR分子标记方法对137份核桃种质资源进行遗传多样性和居群遗传结构分析，发现核桃种质资源的遗传多样性存在差异，这为中亚生态区核桃种群结构及传播途径的研究提供了重要依据。

2. 高效栽培技术方面

新疆农科院研究了新疆南疆核桃的施肥效应与最佳施肥量，提出了基于N、P_2O_5、K_2O的最佳施肥量和配比。此外，新疆农科院通过分析核桃叶片光谱与氮元素含量的相关性，建立了预测模型，为核桃生产中的快速施肥提供了技术支持。

3. 高值化利用方面

新疆农科院对青皮核桃鲜贮过程中的关键技术要点进行了总结，通过对青皮核桃进行保鲜处理，有效降低了腐烂率及失重率。此外，新疆农科院研究了核桃脱脂粕挤压膨化的最佳工艺条件，以及核桃油微乳液和核桃多肽的制备，提高了核桃产品的附加值。

4.病虫害防控技术方面

新疆农科院总结了以检疫、农业防治、生物防治、物理防治为主要措施的综合防控技术，针对黄刺蛾等害虫的防治提供了有效方法。新疆农科院评价了植保无人机施药对核桃害虫的防治效果，证明了其在防控核桃害虫中的有效性。

5.机械化生产和采后加工方面

新疆农科院开发研制了核桃连续式深度开沟机、高射程风送变量喷雾机、圆盘式核桃树修剪机、遥控多杆伸缩核桃修剪机、夹持式振动采收机、手推式核桃捡拾装置等，减轻了劳动强度，提高了核桃生产管理环节的机械化水平。针对核桃脱青皮清洗、干燥、分选、贮藏后杀虫、破壳取仁的关键环节，新疆农科院深入开展核桃等干鲜果脱青皮、青皮分离、破壳、壳仁分离、清洗、分级、烘干、杀菌等加工技术装备研究与开发，相继研制出我国首条连续式核桃脱青皮清洗加工生产线与首条核桃破壳、壳仁分离加工生产线，技术属国内首创，成果达到国际先进水平。

新疆农业科学院的研究成果不仅丰富了核桃科研理论，而且为核桃产业的科技进步和产业升级提供了坚实的技术支撑，对于提升核桃产品的品质、增强核桃产业的竞争力具有重要意义。新疆农科院通过良种选育、栽培技术优化、高值化产品开发、病虫害综合管理及采收机械化等方面的综合研究，为核桃产业的可持续发展奠定了坚实的基础。

（三）新疆农业大学

1.资源保护利用与品种选育

在核桃的良种选育领域，新疆农业大学通过筛选出抗病种质、研究土壤盐碱化对核桃生长的影响以及利用核桃坚果表型性状在种质鉴定中的应用等方面的研究，极大地促进了新疆野核桃资源的保护和利用。新疆农业大学通过核桃种质资源调查，查清了南疆四地州核桃种质资源的情况，全面掌握了新疆乡土核桃品种资源的基础信息，并建立了全国唯一的野核桃种质资源信息数据库，为新疆核桃的新品种选育奠定了基础；通过对新疆野核桃核心种质的构建和对核桃亲缘关系的探讨，为核桃资源的保护、开发利用及新品种选育提供了重要的理论依据和技术支持。

2.高效栽培技术

新疆农业大学通过探索不同核桃种植区花期降尘对核桃雌花生殖生长的影响、研究不同施肥量对核桃产量和品质的影响，研究不同调亏灌溉对核桃生长的影响等，为提高核桃产量和品质、实现水肥高效利用提供了科学依据。新疆农业大学以核桃坚果生长发育过程中的生理代谢为出发点，明确了核桃授粉受精过程的基本规律，阐明了核桃碳水化合物同化与分配同叶果比的关系，构建了坚果品质指标和叶片营养元素含量的光谱反演模型，摸清了氮素对根系呼吸调控机理，为新疆核桃产业提质增效提供了技术支撑。

3.病虫害防治

在病虫害防控方面，新疆农业大学取得了显著成果。通过对核桃黑斑蚜种群动态及其天敌种类的研究，探究核桃叶斑病的发生机制和防治措施，对核桃腐烂病菌的生物学特性和抑菌机制开展研究，有效地提高了核桃产业对病虫害的防控能力，为核桃产业的健康发展提供了重要支持。

4.高值化利用与保鲜技术

新疆农业大学在核桃的高值化利用方面取得了显著的研究成果。通过以核桃粕作为原料，研究人员成功将核桃谷蛋白多肽与锌进行螯合，利用高科技手段表征多肽与锌离子的螯合特征，并筛选出具有高螯合能力的肽段。这项研究为肽锌螯合物的开发应用提供了重要的理论依据，显著提高了核桃粕的附加值。此外，通过对二氧化氯处理和低压静磁场处理的研究，提供了有效的湿鲜核桃贮运保鲜技术，为核桃产业的可持续发展奠定了基础。

通过上述研究，新疆农业大学在核桃产业的多个关键领域实现了重要突破，不仅提高了核桃的附加值和市场竞争力，还促进了核桃产业的可持续发展，为新疆乃至全国的核桃产业提供了有力的科技支撑。

（四）塔里木大学

塔里木大学在核桃良种选育、高效栽培技术研发、病虫害防治及高值化利用等方面的研究成果丰富，对提高核桃产业的科技支撑能力和可持续发展具有重要意义。

1. 良种选育方面，通过对不同核桃品种及其实生后代的矿质元素含量研究，为选择性育种提供了良好的种质资源。实生种质的物候期、光合特性及果实品质的研究为大规模种植的种质选择提供了科学依据。研究还发现，新疆核桃种质资源具有丰富的遗传多样性，为核桃品种改良和种质资源的保护提供了重要信息。

2. 高效栽培技术研发方面，研究了缓释肥对核桃叶片光合特性、矿质养分及果实品质的影响，发现缓释肥料可以有效改善核桃品质并减少施肥量。核桃间作模式的研究为合理利用土地资源、提高土地产出效率提供了参考。此外，通过不同修剪措施对核桃生长发育、光照分布等的影响研究，为优化种植模式提供了数据支持。

3. 病虫害防治方面，通过病原菌的分离、鉴定及致病性测定，明确了核桃树腐烂病的病原种类和区域性特征。研究了生防菌对核桃树腐烂病的抑制作用及其机理，为核桃病害的生物防治提供了新方法。通过不同生物农药对核桃腐烂病的防治效果比较，为核桃病害的综合管理提供了有效手段。

4. 在高值化利用方面，研究发现，榨油温度显著影响核桃饼粕的色泽、香气、味道及营养成分，发现核桃饼粕是开发高蛋白食品和功能性食品的良好原料。通过对核桃树叶的酸碱前处理和堆腐发酵研究，探索了核桃树叶基质研制的适宜方法。此外，通过对新型核桃仁产品工艺的研制及其储藏稳定性的研究，以及核桃破壳与壳仁分离连续化设备的研发，为提高核桃产品的加工利用价值和效率提供了科学依据。

（五）石河子大学

石河子大学食品学院营养与功能食品研究中心在食品营养与安全控制兵团重点实验室、八师石河子市新疆特色食品营养与安全重点实验室等科研平台的基础上，组建了新疆特色农产品加工过程控制与安全兵团重点领域创新团队，围绕核桃等特色农产品资源，开展了核桃贮藏及加工过程中有益组分的营养及功能评价、有害组分的发生机制及调控检测方法、核桃产品开发及核桃壳等副产物的综合利用等方面的研究,为南疆核桃加工产品开发和品质评价提供了技术支撑。

(六)疆外科研机构

1. 中国林科院林业研究所

针对南疆地区多发的焦叶症进行了深入研究,调研南疆核桃主栽区17个县(市)291个核桃园的焦叶症发生情况,基于对1290余份核桃叶片样本的细致观察,首次科学描述了新疆核桃焦叶症从轻症到重症的发展过程,建立了新疆核桃焦叶症的科学分级标准,建立了核桃焦叶症的精准快速诊断技术体系,研制自主知识产权的高效防控制剂及其配套生产技术,建立核桃焦叶症典型发生区精准防控技术方案,形成高效综合防控技术规程,认定了核桃焦叶症是一种生理性病害,为核桃焦叶症的科学调查及指明研究方向奠定了基础。在此基础上,建立了核桃焦叶症综合防控试验园630亩,示范推广300亩,防效均在85%以上。依托省部联动项目“核桃高油种质资源挖掘和汇集”,中国林科院林业研究所还开展了新疆核桃主产区适宜的油用核桃专用品种的筛选工作,设计主产区优良品种的精准布局和应用方案。

2. 中国农科院农产加工研究所

新疆南疆地区核桃制油,多采用螺杆压榨等技术,压榨温度高,会导致油脂易氧化、蛋白变性重,核桃饼粕无法进一步加工利用,产业综合效益低。针对这一现状,中国农科院农产品加工研究所在自治区重点研发任务专项的支持下,开展了高品质核桃油—蛋白联产关键技术攻关与产品研发的相关研究。以新疆核桃加工专用原料为研究对象,基于梯次加工与综合利用理念,创建高品质核桃油与低残油低变性核桃蛋白制备技术,并深入探究了核桃油与蛋白深加工过程中脂肪酸、蛋白等关键组分结构变化与其稳定性、安全性、营养功能特性的关联机制,为新疆核桃加工产业提质增效提供了支撑。

3. 北京市农林科学院

北京市农林科学院林业果树研究所针对新疆南疆地区核桃品种资源丰

富、加工适宜性不明确的问题，调查和收集南疆地区核桃品种近70个，通过多维检测和分析方法系统地研究不同品种核桃的理化、营养与加工特性，明确了不同品种的核桃原料特性与其制品品质之间的相关性，筛选出适宜仁用、油用加工的核桃专用原料品种，为南疆核桃的加工品种专用化、标准化奠定了基础。北京市农林科学院智能装备技术研究中心针对南疆核桃生产作业过程智能化装备缺失、信息化管理水平低的问题，重点开展了肥药精准施用技术，创制有机肥对靶侧喷施控制系统、精准对靶施药控制系统，突破农机装备作业信息在线监测技术和生产信息智慧管理技术，开发农机装备物联网监测系统，为构建核桃智慧高效绿色生产技术体系奠定基础。

这些研究成果不仅丰富了核桃科研理论，为核桃产业的发展提供了强有力的技术支持，也为其他农作物的高值化利用、良种选育、高效栽培及病虫害防治等研究提供了重要参考。

四、社会组织的协同推动

（一）核桃产业国家创新联盟

核桃产业国家创新联盟（以下简称联盟）通过协同合作和创新驱动，促进了新疆核桃产业的技术升级、产业链条增值、标准化建设和市场竞争力的提升，为新疆核桃产业的健康发展和乡村振兴贡献了重要力量。

1. 通过整合资源、共享信息、联合研发，重点在阿克苏乌什县实施"核桃产业创新发展战略规划"，旨在通过科技创新提高核桃产品附加值，增强市场竞争力，促进农民增收。项目成果包括推动一二三产融合发展的规划、提出技术升级方案，为当地核桃产业的转型和升级提供了科学依据和技术支持。

2. 在技术创新方面，联盟成员阿克苏浙疆果业有限公司开发了物理清水脱衣技术，生产出口感酥脆、具有鲜甜味的脱衣核桃仁产品，推动了核桃深加工技术的进步。此外，联盟还围绕核桃产业技术升级、品牌推广、产业融合发展等主题，召开核桃产业发展论坛，集聚各方力量，共同探讨新疆核桃产业的高质量发展路径。

3. 在公益助农和产业基地建设方面,联盟与洽洽食品股份有限公司、阿克苏浙疆果业有限公司等单位合作,创建"国家级"优质核桃产业基地,采用订单农业模式,从源头提升核桃品质,有效提高核桃产量和品质,带动农户增收。

4. 为解决产业发展中遇到的技术和病害问题,联盟还开展了科技项目和科研攻关,如"新疆核桃等特色油料作物产业关键加工技术研发与应用"国家省部联动重点科技专项,以及针对新疆核桃焦叶症的研究项目。这些科技项目不仅解决了产业发展的瓶颈问题,也为企业提供了强大的科技支撑。

(二)中国乡村发展志愿服务促进会

1. 帮扶拓展南疆核桃等特色优势产品的销售

中国乡村发展志愿服务促进会围绕中心、服务大局,配合三峡集团做好和田地区皮山县产业发展和人才培养方面的工作,配合投资企业发展皮山县经济和产业,帮助拓展核桃等特色优势产品的销售渠道。在民政部主办的2023年"情暖天山、大爱无疆——全国性社会组织援疆行动"中,促进会与自治区农业农村厅、林业和草原局、供销合作社联合社共同签订《共同促进新疆南疆核桃红枣产业高质量发展合作协议》,将帮助核桃、红枣出疆销售作为重点工作之一。

2. 推动新疆摩尔兴果生物科技开发有限公司50万吨核桃加工项目落地实施

中国乡村发展志愿服务促进会搭建平台,培育乡村振兴特色优势产业。刘永富会长多次带队赴云南、新疆南疆地区调研核桃产业,召开研讨会,对核桃产业发展需求和企业状况进行深入了解,积极推动云南摩尔农庄生物科技开发有限公司对接新疆核桃产业资源,促成中国核桃产业提升工程(新疆)项目落地。在促进会的积极推动下,新疆维吾尔自治区以最优的政策、最快的效率配合项目落地,并把项目定为直通车项目。新疆摩尔兴果生物科技开发有限公司在中国乡村发展志愿服务促进会的指导和引领下,承接中国核桃产业提升工程(新疆)项目,规划在新疆和田地区(皮山县、和田县)、喀什地区(叶城县)布局核桃全产业链战略发展基地。该项目总占地面积约2000亩,总投资约50亿元，达到年加工50万吨核桃干果的产能规模，形成核桃全产业链精深加工及副产物综合利用超级工厂和检测中心、核桃初加工智能设备生产工厂、科技创新中心、核桃文化科技馆、核桃交易市场及大数据中心、冷链物流设施以及在北京、上海、广州、武汉建设前置仓。该项目将在核桃全产业链中融入移动互联网、云计算、大数据、AI人工智能、金融科技、区块链和物联网等先进技术的应用，促进中国核桃产业高质量发展。

第三节　市场需求

一、消费者对南疆核桃及其相关产品的认知与需求

新疆核桃的产品类别丰富，品牌众多。数据表明，消费者在线上购物时多倾向于购买经过简单包装并未经过深加工的核桃休闲零食。就核桃饮品的销售情况来看，网络上销售量较高的是知名度高的核桃品牌。由于核桃深加工产品不属于生活必需品，普通老百姓对其保健作用及营养价值的了解程度不高，因而销售量明显低于核桃初级产品核桃仁及核桃饮品等。数据表明，55.9%的消费者未曾消费过核桃油，这与核桃油价格高、不易保存、替代品众多以及消费者的支付能力不足等因素有直接关系。因此，核桃初级加工产品广泛受到消费者的青睐与精深加工产品未受到民众热捧形成鲜明的对比。该现象的产生除了与核桃产品自身特性有关外，还与核桃产品加工工艺、加工质量、销售渠道等密切相关。

一项消费心理方面的调查显示，在消费者的心理因素中，消费者"对产品包装有要求"，表现在10%水平上的显著性，核桃产品包装越好看，消费者购买的概率越高。"对产品营养价值有要求"，对消费者购买行为有正向意义，在10%水平上显著，这表明消费者越重视核桃产品营养价值，其购买的意愿越高。消费者越重视原产地，购买概率越高，这是由于消费者或多或少会将核桃产品的"原产地"和核桃产品的"质量"联系起来。"对产品品牌有要求"在5%

水平上显著,对消费者购买核桃产品有正向影响。企业可通过创新产品营销模式、采用"品牌化"营销策略、加大市场宣传力度、加快技术革新等策略提高消费者的购买意愿,增加市场占有率。

(一)核桃坚果与核桃仁市场需求

核桃坚果、核桃仁是休闲食品的主要原料。目前,核桃仁类休闲食品多达50种,市场需求与产量一致呈正增长态势。据全球著名市场研究公司尼尔森的预测,健康休闲食品的年均复合增速在10%以上,为传统食品的3倍以上。核桃作为重要的坚果食品,消费量占树坚果比例的70%以上。2021年我国休闲食品的市场规模较2020年同比增长11.68%,2022年我国休闲食品的市场规模约为1.62万亿元。相比传统的单品坚果,现如今人们更青睐口味多、营养价值高的混合坚果。2017—2021年我国混合坚果行业市场规模呈现逐年增长态势,2021年我国混合坚果市场规模为115亿元,较2020年同比增长16.16%。而在坚果消费者中,有近76%的消费者更偏爱混合坚果,23%的消费者偏爱单品坚果。因此,高品质的核桃坚果和核桃仁仍有较大的市场发展空间。

(二)核桃油市场需求

目前,核桃油市场得到快速发展,除了供餐厅、家庭食用的植物食用油,市面上还出现不少核桃油新产品。主要有:冷榨核桃油小包装产品,适用于孕婴特殊人群;核桃油特种食品,如粉末核桃油、核桃油微胶囊冲剂、核桃油咀嚼片、核桃油健脑软胶囊;核桃油药物制剂及其保健品,如碘化油、核桃油脂肪乳静脉注射液、滴耳油等;核桃油化妆品,如用其制作的洗发水、防晒霜、按摩油等;食品加工添加剂,如作为制作糕点与营养食品的添加剂;颜色调料,如调制彩绘颜色等。据统计,2022年我国精制食用植物油的产量为4881.87万吨,核桃油产量占比较低。2022年我国食用油消费数据显示,我国食用油自给率仅为35.9%,远低于国际安全警戒线50%的标准。根据2021年淘宝、天猫的销售数据,研究人员通过规模和增速两个维度,筛选出了38个最具潜力的市场,核桃油就名列其中,销售额3.7亿元,同比增长195.4%。随着核桃油储存技术、产业化技术的提升,预计南疆核桃油渗透率将进一步上升。

近年来，我国核桃油市场快速发展，虽然核桃油的营养价值较高，但由于成本高、产量少等原因，核桃油作为食用油中的小众消费品类这一情况仍将延续。从发展态势看，近年针对孕婴特殊人群的冷榨核桃油小包装产品销量增长明显，主要得益于新生代消费者对于科学育儿的需求和对婴幼儿食物高品质的追求，而这种趋势在未来仍将持续上涨。此外，市场上也出现了如核桃油药物制剂及保健品、核桃油化妆品、按摩油等新产品，新兴产品的出现也将带动核桃油市场出现一定的增长。随着核桃油生产技术的提升，生产成本的下降，更多食用油或调味品行业企业将布局核桃油业务，技术领先的企业有望占据较大的市场份额。南疆核桃品质好，不少品种适于油用加工。随着制油技术的提高和核桃油产品的创新，核桃油产业具有更大的发展空间。

（三）核桃蛋白产品市场需求

核桃蛋白主要产品有核桃乳、核桃蛋白粉、核桃多肽等。随着人口的增长，到2050年，我国国民对蛋白质的需求将增加30%—50%。蛋白质资源紧缺是一个世界性的问题，中国由于人口众多，资源有限，短缺尤为严重。由核桃蛋白开发出的核桃生物活性肽和核桃乳具有很大的发展潜力。相关数据显示：近10年，植物蛋白饮料的复合增长速度达到24.51%，销量从169亿元增长到1266亿元，天猫植物蛋白饮料市场销量增速高达800%，购买人数上升900%。核桃乳饮品所占市场份额位列植物蛋白饮品前三，群众消费基础广泛。目前国内核桃粉产品的产量仅3000吨，并且多属于低档次的加工产品，远远不能满足市场需求。核桃仁中蛋白的含量在15%—17%，核桃蛋白中含有十几种氨基酸，特别是精氨酸含量很高，这些成分对人体具有良好的保健功能。以核桃生物活性肽为原料进一步开发的功能性食品、保健食品和药品，在广泛投放市场后将产生更大的经济效益。南疆核桃在制油的同时，如能将核桃粕加以充分利用，开发相应产品，可降低核桃加工成本，提高附加值，是核桃加工的重要方向。

（四）核桃其他产品的市场需求

核桃加工后，会产生大量的副产物，如核桃粕、核桃青皮、核桃壳等。核桃副产品加工主要涉及以核桃青皮为原料生产天然色素、绿色染色剂、植物农药等；以核桃壳为原料生产活性炭、超细粉、磨砂等；以分心木为原料开发袋泡茶、保健酒等；以核桃油粕为原料可以生产蛋白粉、核桃乳、浓缩蛋白、蛋白肽等。目前，南疆核桃副产物的相关产品生产占比小，活性炭、染发剂等其他核桃产品占比仅为3%。全疆每年有300多万吨青皮处于丢弃状态，暂未实现经济价值。而现在通过"生物+分子膜"技术，可以将它变成静态有氧堆肥来利用。当它的利用率达到50%时，经济价值可达到1500元/吨，那么，仅核桃青皮这一个产业就可以通过肥料销售有22.5亿元的产值。核桃壳利用率较低，几乎被作为废料在处理。现在通过技术，我们可以把核桃壳变成过滤、清洁剂、磨砂等核桃加工材料。核桃壳的产值在经过加工成滤料和磨料之后价格在1800—4000元/吨，按3000元/吨算，年产值将达到17亿元左右。

二、影响南疆核桃市场需求的因素

影响市场需求的因素主要包括社会经济状况、人口状况、生活水平、市场供给状况等。核桃产品的消费量会受市场需求因素的影响，也会受消费者的偏好、认识水平的影响。明确影响市场需求的因素，可以为预测未来核桃市场发展趋势提供依据和参考。

（一）经济状况

随着国内经济的发展，居民生活水平日益提高，消费结构不断升级，我国消费者对核桃的需求也在不断增加。从全国居民人均可支配收入看，2021年全国居民人均可支配收入达到35128元，比上年增长9.1%。国民收入的增长带动了核桃市场需求的旺盛，促进了生产和经济的增长。

新疆是我国核桃的主产区，产量居全国第二位，主要分布在南疆地区。南疆核桃在区域经济发展中具有独特优势和较强的发展基础。在南疆核桃主产县（市），核桃收入占农民年收入的40%以上，已成为农民增收的支柱产业。随着南疆地区的经济增长，国民收入不断提高，人民群众对核桃等经济林产品的需求也将不断增加。

（二）人口状况

从人口基数及增长速度看，我国是人口大国，自然增加了对社会商品的总需求。发达国家的人均干果消费量水平远远高于世界平均值，且大多数发展中国家人均果品消费量低于世界平均值。目前，我国的人均产值、人均收入及人均产品占有量处于较低水平，人均干果占有量仅1.32kg。随着人民生活水平的提高，食物结构的改善，人均干果占有量将会有很大的增长。

从人口结构看，26—45岁消费人群是坚果的主要消费群体，占比达到80.9%。这类人群是近年来逐渐崛起的中产阶级，对食品的健康化、多元化、安全性有较高的要求，特别关注营养标签及食品原料来源。由于核桃丰富的营养价值，全球人均核桃消费量稳步上升，中国的人均核桃消费量在过去的21年里增长了10.5倍，这说明核桃及其产品越来越受到消费者的喜爱，这将带动核桃市场的发展。

（三）消费偏好

在不同的经济条件、文化、习俗等影响下，人们往往对商品的消费表现出某种倾向。20世纪80年代以前，由于经济水平低，人们的食品结构以粮食为主。进入80年代以来，随着社会经济的发展，人们对核桃等经济林产品的需求急剧上升，经济林产品在人们食品消费中所占的比例越来越高。在西方发达国家，消费绿色、无污染的林产品已成为一种时尚，这也为核桃产业发展提供了契机。

（四）市场环境

良好的市场环境是商品价值顺利实现的保证，市场环境的优劣直接影响产品需求量。自改革开放后，我国的社会主义市场经济体制不断完善，宏观的市场环境得到了极大的改善。新疆核桃由于品质优良，营养丰富，已在全国形成了一定规模的销售网络。从国际视角分析，随着我国对外经济贸易的发展，贸易国家和地区大幅度增加。新疆毗邻中亚，销售区位优势明显，同周边国家的对外贸易顺畅，出口前景良好。

第四节　与国内其他地区比较

南疆地区适合核桃生长发育的气候条件、良好的土壤通气透水性和供水灌溉条件，以及鼓励核桃发展的产业政策，使得南疆核桃产业发展呈现出独特优势。

一、核桃品种化

（一）南疆核桃在品种化方面的优势

南疆地区核桃栽植历史悠久，种质资源丰富，其种质资源享誉全国并占有很大份额。目前，新疆核桃良种使用率大于80%，先后选育出'温185''新新2''扎343''新丰'等优良品种。随着近年来提质增效工程的持续推进，核桃产品质量不断提高，核桃白仁率超过80%，空壳率、瘪仁率下降至5%左右，实现了面积、产量、质量的"三增长"。南疆地区自然环境与生产条件较为优越，有利于核桃多种营养成分和油脂的积累，与国内其他主产区相比，南疆核桃具有结实早、坚果大、出仁率高、品质优良等优势。如'温185'核桃平均出仁率高于国内主产区主栽核桃品种，从平均含油率来看，'温185'的含油率也是最高的。同时'温185''新新2''扎343''新丰'等品种还具有果实大，果仁充实饱满，内褶壁退化，易取整仁，非常适合机械化加工的特点。这些品质优势增强了南疆核桃在国内市场的竞争力，有利于提高南疆核桃的市场占有率。

新疆通过良种审定的核桃品种有30余个，目前南疆地区的主栽品种有'温185''新新2''扎343''新丰''新温185'和'新早丰'。近年来，新疆林科院获得国家林业和草原局授权的核桃新品种有5个，分别为'新叶1号''新和1号''墨宝''新辉'和'新盛'。新品种的共同特点是核仁香甜涩味少，非常适合原味生食。

经过多年的生产实践与市场检验，南疆地区目前形成了以阿克苏地区'温

185'+'新新2'、喀什和和田地区'扎343'+'新丰'为代表的两套主栽体系，两套主栽体系均属于早实核桃，其进入发育成熟期早且具有很强的连续结实能力，早实丰产，使得种植园能尽早获得收益。

（二）南疆核桃在品种化方面的不足之处

尽管南疆核桃良种化已推进多年，也取得了十分显著的效果。但是，仍然存在核桃品种混杂、商品性差、不易储存等问题，部分实生、杂品种树未进行嫁接改良。部分品种壳薄、缝合线不紧，易受污染，造成苦涩味偏重。部分早实品种早衰，经济寿命不及预期。

二、核桃栽培技术

（一）南疆核桃在栽培技术方面的优势

近年来，南疆核桃由零散种植向规模化、集约化方向转变，苗木繁育、病虫害防治、整形修剪和嫁接改造等栽培管理都严格按照技术规程进行，不仅为林果加工业提供了可靠的原料来源和品质保证，同时具有显著的规模优势。南疆核桃主产区较为集中，几乎都分布在阿克苏、喀什、和田地区，三地区核桃的产量占全区产量的90%以上。南疆的核桃种植采用和美国相似的大田种植模式，种植集中连片，非常适合进行机械化作业。而我国内地核桃的主产省份，如云南、山西、陕西等地区主要种植在山地丘陵地带，种植区域分散，难以进行机械化作业。因此，在生产模式和栽培技术方面，新疆与内地核桃主产省份相比，具有很强的竞争优势。

（二）南疆核桃在栽培技术方面的不足之处

总体来看，南疆核桃栽培技术仍然落后，管理方式粗放，主要表现在：

1. 理念方面，把核桃当"懒人树"管理，农民对核桃的田间管理水平较差，商品意识有待提高。分散的农户不愿意过多地投入，按照传统的方式种植，水肥管理主要依靠农民的自身经验，水肥措施跟进不及时、不稳定、利用率低，一定程度上影响了核桃产量和质量。

2. 传统密植间作模式下，由于核桃树体高大、枝条交错，导致树体郁闭、通风透光性差、光合效率低，核桃空壳率高，产量低，严重影响核桃的品质，传统人工修剪作业方式无法完全满足当前种植规模的需求。

3. 在一些土壤条件不好又缺乏灌溉的果园，常有焦叶症等病害发生，对南疆核桃产业健康发展构成了重大障碍。

三、加工技术及产业化

（一）南疆核桃在加工技术及产业化方面的优势

南疆核桃产业在区域经济发展中具有独特政策优势和较强的发展基础，当地政策进一步明确了对核桃等经济作物的资金补助、投入，自治区林业厅与科技厅设立了林果业财政——根据相关文件成立专项资金。通过相关优农惠农的政策及举措，南疆地区有力地支持了核桃产业的发展。近年来，南疆核桃产业化水平逐年提高，核桃麻糖、核桃油、核桃乳等核桃加工品逐步占领市场。阿布丹牌核桃麻糖系列产品已通过有机食品和HACCP认证，"阿克苏"核桃、"叶城"核桃取得国家地理标志产品认证，"宝圆"牌核桃、"阿克苏"核桃获得新疆著名商标称号。目前，全疆以新疆果业集团为首的30多家核桃生产加工企业，已发展成为加快核桃产业化发展的排头兵，产业化经营带动力逐步提高，实力不断增强，促进了南疆农村经济结构调整和农民的持续增收。

（二）南疆核桃在加工技术及产业化方面的不足之处

目前，南疆核桃产业的加工能力不足，大多停留在初加工阶段，精深加工和综合利用能力弱，加工产业链短，与国内其他核桃主产省份存在一定差距，主要表现在：

1. 南疆核桃以初级加工为主，一般只是对青皮核桃进行脱青皮、清洗、烘干处理，或将带壳的核桃去壳加工成核桃仁，并进行分级和包装等初加工。初加工产品以核桃和核桃仁为主，占到核桃产品的90%以上，造成产业链不易向下游延伸，无法跳出当前核桃产品单一、价格竞争激烈、收益日渐降低的发展模式。

2. 南疆核桃深加工技术滞后，产品深加工能力低，精深加工的企业比例小，深加工产品在市场上的占有率很低。当前，我国核桃产品已初步实现多元化，核桃深加工产品有核桃油、核桃粉、核桃乳、核桃露、核桃麻糖、核桃酱、核桃肽、核桃工艺品以及核桃壳活性炭提取物等。南疆核桃产品的开发还落后于很多内地核桃主产省，仅有为数不多的龙头企业开展了核桃油、核桃乳、核桃粉等深加工产品的生产。

3. 南疆核桃综合利用率不高，核桃青皮、壳、分心木等加工副产物大量废弃，造成浪费，无法实现核桃资源多元化增值效益，产业竞争力降低。

4. 南疆核桃产业精深加工科技推广应用能力和实用技术较弱，难以满足现代核桃产业发展的需求。

四、市场销售

（一）南疆核桃在市场销售方面的优势

南疆核桃产业的销售方式呈现出多元化推进的特点，有效促进了包括核桃产业在内的林果产业的发展。虽然传统营销模式仍是新疆林果产品销售的主渠道，但互联网营销额在核桃销售总额中的比重不断增加。南疆核桃在市场销售方面的优势主要体现在：

1. 核桃品质好。产品品质好是销售的最大优势。南疆由于具有天然独特的气候条件，核桃坚果个大、壳薄，易出整仁和半仁，营养品质和风味佳，因此，在市场上备受消费者青睐。

2. 具有品牌和认知优势。新疆核桃在全国的影响力和知名度较高，区域公共品牌效应明显，消费者在认知中容易把新疆的地域特点和品质好、营养价值高等产品特色联系起来，这为南疆核桃销售创造了良好条件。

3. 具有区域优势。新疆是我国"丝绸之路经济带"的核心区域，是"一带一路"沿线的重要节点，中欧班列的开通和多个一类、二类口岸的常态化运营使南疆核桃向中亚、西亚等国出口更加便捷，南疆核桃通过中欧班列到达西亚和欧洲的时间为18—20天，比海运节省了一半时间，核桃品质也得到较好的保证。未来，中欧班列的常态化运行，有望推动更多中国核桃进入欧洲市场。

（二）南疆核桃在市场销售方面的不足之处

1. 南疆核桃产品的品牌营销力度不够。一是由于主产区农户以统货销售为主，混装混销，不进行分级销售。二是在批发市场里南疆核桃都以散批散卖为主，核桃质量优劣不一，好坏混售，无法实现优质优价，不利于树立和提高南疆核桃的整体品牌形象。三是在商超里一般销售的带包装的南疆核桃品牌繁多，品质不一，无法形成大品牌效应，很难让消费者形成对南疆核桃品牌的认知。

2. 品牌宣传氛围不浓厚。不能充分利用相关媒体、广告宣传南疆核桃产品，市场开拓不足，品牌影响力不强，企业辐射带动能力弱。与云南、山西等内地的核桃产品相比，南疆核桃产业在营销手段、品牌建设等方面差距较大。

3. 市场营销开拓能力薄弱。企业和专业合作社普遍缺乏懂经营管理的人才和能带动产业发展、增强产品销售的人才，难以实现规模化经营管理，导致市场开拓能力不强。

4. 市场流通体系和营销网络建设滞后。南疆核桃产品市场流通体系正处于建设时期，专业批发市场缺乏，制约了南疆偏远落后地区的核桃外销。同时，南疆地区农民组织化程度低，引进和培养龙头企业难，龙头企业辐射带动能力弱，不能发挥连接市场、合作组织、农户之间的纽带作用。

5. 南疆核桃生产种植和物流运输成本高，导致核桃利润很低，影响市场销售。南疆核桃生产种植的成本较高，是全国核桃生产平均投入成本的3.22倍，是云南核桃生产投入成本的4.4倍。这是由于新疆核桃主要在平原大田内连片种植，生产过程中需要投入许多人力成本和生产资料，而云南、陕西等内地省份的核桃主要种植在山地丘陵等地形上，核桃单产较新疆低，但生产要素投入较少。物流运输方面，新疆核桃以陆运为主，从产地运至内地城市，运输距离远，成本偏高。

第三章

南疆核桃产业发展重点区域

　　位于南疆地区的阿克苏、和田、喀什是新疆核桃主产区，核桃种植总面积约占全疆总面积的95.1%，产量约占全疆的96.5%。这一区域夏季气温高、光照充足，年降雨少，土壤类型多为沙壤土，透水、透气性好，具备核桃生长的良好自然条件。与内地核桃种植在山区丘陵地带不同，南疆核桃基本种植在绿洲内部立地条件较好的农田内，多以建园模式种植，具有土壤条件好、灌溉有保障、防护林完备、交通管理便利等诸多有利因素。作为全国最先推行良种化和良种化率最高的区域，南疆核桃良种化率达80%以上。这为南疆地区生产高品质核桃，形成规模化、绿色、优质商品核桃生产基地提供了重要保障。南疆地区有23个县（市）核桃种植面积超过5万亩，8个县（市）的产量超过5万吨，800余万人以核桃生产、种植为主要经济来源，核桃产业在带动地方经济发展，促进就业增收，助力乡村振兴和边疆稳定方面发挥了重要作用。本章将对南疆地区的阿克苏、和田、喀什三个重点区域的核桃产业发展情况分别进行介绍。

第一节　阿克苏地区核桃产业发展

一、总体产业情况

　　阿克苏地区地处天山南麓中部，塔里木盆地北缘，地势较平坦，土壤类型为潮土性灌淤土和沙壤土，属于暖温带干旱气候，气候干燥，光热资源丰富，降雨稀少，蒸发量大，为核桃的生长发育提供了得天独厚的自然条件。阿克苏地区的核桃管理水平、集约化程度、良种化水平、单位面积产量均居全国第一。2016年以来，阿克苏地区核桃种植面积一直保持在200万亩以上，产量超过30万吨。截至2023年底，阿克苏地区的核桃面积为265.48万亩，核桃产量为64.37万吨，种植面积和产量均高于全疆平均水平。阿克苏地区'温185'种植面积达到157.22万亩，占总面积的59.2%；'新新2'达到67.01万亩，占总面积的25.2%；

'扎343'达到21.13万亩,占总面积的8.0%。

表3-1 2023年阿克苏地区核桃实有面积及产量

区县	温宿	阿克苏市	乌什	库车	新和	沙雅	阿瓦提	红旗坡农场	拜城	合计
面积/万亩	84.60	33.41	32.74	29.58	29.33	17.31	16.23	12.6	9.31	265.48
产量/万吨	20.99	6.47	8.18	4.57	6.43	4.53	4.48	2.52	2.45	64.37

表3-2 2023年阿克苏地区主要核桃品种栽培面积及占比

品种	温185	新新2	扎343	其他
面积/万亩	157.22	67.01	21.13	20.12
比例（%）	59.2	25.2	8.0	7.6

阿克苏地区核桃种植面积占其林果业总面积的近一半,已成为当地农民增收的主要来源之一。近年来,新疆阿克苏地区以延链、补链、壮链、优链为主攻方向,狠抓提质增效、招商引资、加工转化、品牌营销、科技创新等重点环节,提高经济效益和核心竞争力,推进核桃产业高质量发展。目前,阿克苏地区已建成优质核桃基地248.98万亩,总产量60万吨,核桃总产值83亿元,核桃收入占农民人均纯收入的17.5%,成为农民增收致富、乡村振兴的支柱产业,获"国家级核桃示范基地""全国知名品牌创建示范区"等荣誉称号。阿克苏地区年出口核桃5万吨左右,主要出口地为俄罗斯、土耳其、阿联酋、吉尔吉斯斯坦、巴基斯坦等。目前,阿克苏地区核桃加工企业有64家,加工能力达53万吨。

二、典型县域核桃产业情况

（一）阿克苏市

阿克苏市是中国核桃之乡,核桃栽培历史悠久。因光照充足,昼夜温差大,有天山融雪灌溉,是核桃最适宜的种植地区之一。当地除了盛产营养丰富的青皮核桃,还盛产'温185''新新2'两种皮薄如纸、一捏即破、营养丰富的纸皮核桃,深受国内外客商的青睐。

近年来,随着农业技术的不断发展和推广,阿克苏市的核桃种植面积不断扩大，核桃产业已经成为当地的支柱产业之一，不仅增加了农民收入，还促进了当地特色林果种植业的发展。全市核桃种植面积已达到33.4万亩，年产量达到7.75万吨，目前已初步建立5个乡级核桃交易市场，拥有核桃类的"国家级示范社"3家、"自治区级示范社"11家、"自治区级重点龙头企业"7家。当地通过引进先进技术、组建核桃研究院进行核桃种植、加工技术研究，研发核桃新产品，开展核桃全产业链、供应链平台建设，构建"公司+合作社+农户"模式，在乡镇建立卫星工厂，形成了核桃"初加工在乡镇，深加工在园区"的发展格局，不断满足消费者需求，真正让核桃这一富民产业成为群众的绿色银行。

（二）温宿县

温宿县的地理位置、光热日照等综合条件适宜核桃生长，其核桃适宜形成独特的品质优势。2006年温宿县被评为"中国核桃之乡"后，2012年成功创建全国第二批有机认证示范创建县。作为全疆最大的优质核桃栽培生产基地县，其核桃生产在单位产量、良种使用率、管理水平、内外品质、市场占有率等方面的比较优势非常明显。

温宿县采用"疏密间伐、控高降冠、标准修剪"举措，完成核桃园改造，实现了产量、品质的双提高；同时推进高接优换技术，采取大树多头芽接方法，完成核桃大树改接万株，改造后良种使用率高达95%以上。在狠抓示范体系建设、推广生物绿肥种植、强化科技支撑等背景下，温宿县强推'温185'和'新新2'两个主要品种，市场占有率有了显著提高。2016—2023年，温宿县核桃种植面积、挂果面积、年产量均稳步提高，呈现出向好发展态势。

目前，温宿县已建成核桃基地70余万亩，年产核桃近20万吨，林果业收入占当地人均收入的约60%，核桃产业占林果业收入的约60%。温宿县以'温185'和'新新2'为主栽品种，种植地块遍布全县12个乡镇。县政府把握发展契机，以核桃林场万亩薄皮核桃高科技示范园区为依托，借助新疆维吾尔自治区的"提质增效项目"和"核桃产业集群项目"资金，全力打造集生态、节水、旅游观光于一体的万亩薄皮核桃生产基地。木本粮油林场作为温宿县林果业生产企业的龙头，带动了全县特色林果业的良性发展，而其生产的"宝圆牌"核桃赢得了广大消费者的认可，最终也使"宝圆牌"核桃获得了诸多殊荣——新疆"农业名牌产品"、"新疆著名商标"、"新疆名牌产品"、新疆"消费者协会推荐产品"、"北京奥运会推荐果品"一等奖、"中华名果"、"中国国际林业产业博览会金奖"、"上海农产品博览会畅销奖"等。

（三）乌什县

乌什县有"中国核桃之乡"的美誉，种植核桃有2000多年的历史，至今在乌什县境内随处可见200—300年的核桃古树。近年来，乌什县通过大力发展特色林果业，全县核桃种植面积已达到32.3万亩，产量达7.75万吨，产值约8.6亿元，占林果经济总收入的61.9%，核桃等林果收入占农民总收入的46%，成为农民增收致富的主导产业。乌什县核桃种植分布在全县6乡3镇。近年来，乌什县通过间挖大树移栽、间伐等方式对核桃园进行疏密，已完成疏密改造4万余亩。乌什县采用"行政领导+技术员+农民"管理模式，建设县、乡、村三级示范园。同时，以示范园建设为基础，建立"百十一"特色林果生产基地，涉及农户1.58万户，其中贫困户4521户，林果面积1.85万亩。

在经营模式上，乌什县采用"政府引导+技术员帮扶+农民管理"的方式，建设县、乡、村三级示范园161个，涉及林果总面积2.6万亩。在乌什县打赢脱贫攻坚战中，核桃产业立下了"头等功"，每年通过核桃果园管理、采摘、加工销售等途径，直接或间接带动农户就业2万人次以上，在国家特色林果提质增效项目大力支持下，果品产量品质显著增加，建档立卡贫困户年均增收4373元。

全县现有林果企业8家，规范化运行林果农民合作社70家，从业人员1000余人（其中，龙头企业及合作社18家）。核桃初加工设备烘干房311座，脱皮机167台，清洗机88台，核桃加工流水线7套，集核桃分选、清洗、晾晒、集散、交易于一体核桃交易市场1个。日处理青皮核桃2631吨左右，干核桃年加工4.5万吨左右。组建林果技术服务队28个，队员543人。试点成立林果技术服务合作社，实施特色林果业提质增效贫困村政府购买社会化技术服务项目，为贫困户提供无偿技术服务，惠及98户贫困户。

建立了以浙江省衢州市"新疆乌什县特色农产品衢州直销店"为代表的农副产品直销店15家。鼓励林果企业、合作社注册"燕泉雪""嵝利庄园""合声"等商标。开展"互联网+林果"网上营销，开办互联网店铺20余家。引进北京汇源集团、浙江金勺果业、帅骆驼等企业，进行核桃产品精深加工，产品主要有核桃干果、核桃油、椒盐核桃、枣夹核桃等，创建有机核桃认证基地8000亩。

第二节　和田地区核桃产业发展

和田地区是我国最早种植核桃的地区之一，这里核桃品种资源丰富，尤以薄皮核桃品质优良、果实大、皮薄、肉厚、含油量高、营养丰富而闻名于世，畅销国内外市场。和田薄皮核桃产区分布在和田县、和田市、墨玉县、洛浦县、策勒县、皮山县等地，其中主产区墨玉县、和田县的优质薄皮核桃种植面积超过30万亩，是全国最大的集中连片优质核桃基地，被誉为"中国核桃之乡"。

一、总体产业情况

核桃产业是和田地区促进农民增收、巩固脱贫攻坚成果的重要产业。长期以来，各级部门对核桃产业高度重视，把核桃产业作为推进乡村振兴战略、推动"一产上水平、高质量发展"的优势产业来安排部署。围绕"稳粮、优棉、促畜、强果、兴特色"方针，和田地区顶层科学设计，高位推动，扎实推进核桃产业布局优化、品质优质化、产业链一体化，树立和田核桃"金字招牌"，助力巩固脱贫攻坚成果与乡村振兴的有效衔接。过去20年，和田地区的核桃产业发展取得显著成绩，但受多重因素叠加影响，存在大而不强、名而不优、整体效益不高等突出问题。为加快推进和田地区核桃产业高质量发展，和田地区林业和草原局组织编制了《和田地区核桃产业质量提升工作方案》，以期持续抓核桃提质增效和高质量发展不松劲，充分发挥核桃产业在维护社会稳定和长治久安、巩固脱贫攻坚成效与乡村振兴有效衔接中的重要作用,不断培育壮大核桃产业,持续助力和田地区经济发展与农民增收致富。

(一)核桃产业基本现状

和田地区是新疆三大核桃主要产区之一,2023年末,全地区核桃种植面积达173.07万亩,产量达29.78万吨,面积、产量均居全疆第三位,全地区7县1市均有种植,墨玉县、和田县、洛浦县3县面积、产量位居地区前列,已成为和田地区农业农村及农民脱贫增收的支柱产业。

详情见表3-3、表3-4:

表3-3 2023年和田地区核桃实有面积及产量

区县	墨玉县	和田县	洛浦县	皮山县	于田县	策勒县	和田市	民丰县	合计
面积/万亩	40.66	26.55	22.58	21.52	18.81	12.76	8.78	2.14	153.80
产量/万吨	7.36	4.61	3.83	3.60	2.63	1.60	1.23	0.21	25.07

表3-4 2023年和田地区主要核桃品种栽培面积及占比

品种	新丰	扎343	温185	新新2	其他
面积/万亩	64.90	61.21	5.63	3.18	18.86
比例(%)	42.20	39.80	3.66	2.07	12.26

(二)核桃资源

和田地区核桃主要采用实生树定植、良种嫁接的林粮间作模式、建园模式,早期果园品种混杂多样,实生单株多。经过多年的品种改接工作,目前栽培品种纯度相对较高,以'扎343''新丰''温185'为主栽品种,但同时也存在品种类型相对单一,主要为仁用型的问题,缺少加工型,尤其是缺少精深加工等专用核桃品种。另外,和田地区核桃特异种质资源极为丰富,尤其在和田县拉依喀乡、巴格其镇,墨玉县萨依巴格乡等为中心的地区,但受品种改接及部分县核桃种质资源汇集圃二次、三次搬迁等因素的影响,部分优异种质资源流失现象十分严重,迫切需要加强优异种质资源的保存、鉴定评价及挖掘利用。

（三）栽培管理

受传统密植园种植模式的影响，和田地区核桃栽培密度均较大，随着树龄的增长，密植园问题日益突出，如树冠郁闭，通风透光不良，树体上强下弱，内膛光秃空虚，结果部位外移，核桃产量和品质下降等，为解决该项瓶颈问题，近年来，和田地区各县（市）有序推进疏密改造工作。

另外，2023年和田地区核桃的焦叶症发生仍较为普遍，严重影响了核桃的产量和品质，已成为危害性较大、亟待解决的病害。当前，中国林业科学研究院裴东研究员联合多家科研院所、高校，新疆阿克苏、喀什、和田生产林技中心等针对这一病害的发病成因、防控技术措施开展了多方面研究，相信不久的将来，核桃焦叶症现象一定会得到有效控制。

（四）项目支持、税收优惠政策

1. "新疆特色林果标准化生产示范基地项目"，中央预算内投资支持具有一定规模林果生产基地、一定经营规模和经济实力、能够切实带动农民就业增收的龙头企业和专业合作社等。对符合支持条件的建设项目，中央预算内投资支持比例为40%，其余投资由项目单位筹措解决。

2. 支持提升林果精深加工能力。从自治区林草专项资金中安排资金，支持林果企业、合作社产加销一体化建设，按照每个项目50万—100万元的标准给予补助（补助资金不超过总投资的50%）。

3. 支持低产低效果园改造提升。从自治区林草专项资金中安排资金，支持300亩以上的林果基地示范园建设，对开展新品种推广、高标准示范园建设、低产低效果园改造的，每亩补助800元。对开展简约化栽培技术示范的，每亩补助1500元。对符合条件的林果经营主体、实施现代果园数字化示范建设项目每个补助300万—500万元。

4. 对符合条件的林果技术服务合作社完善软硬件设施设备、组织开展技术服务培训等，每个合作社补助不超过10万元（补助资金不超过总投资的50%）。扶持核桃加工企业建基地、促加工、拓市场、育品牌。

5. 政策性核桃保险工作，坚持"政府引导、市场运作、群众自愿、协同推进"的原则,以提高核桃抵御自然灾害风险能力为目标,完善核桃风险保障体系,创新保险经营服务模式,扩大保险覆盖率,提高农民参保率。根据自治区财政厅《关于选择确定2024—2026年政策性农业保险承保机构的通知》(新财金〔2023〕51号)文件,和田地区2024年承保机构共5家。补贴比例:中央财政补贴42.21%、自治区财政补贴35%、县(市)财政承担2.79%,投保农户或林果业生产经营者承担20%。保费标准:各险种核桃、枣、杏、苹果、葡萄保额1600元/亩、费率6%、单位保费96元/亩。2023年,和田地区核桃林果保险面积达145万亩。

(五)品牌建设与市场开拓

目前,和田地区从事林果生产的企业、合作社共有216家,其中企业58家、合作社158家;核桃初加工企业(合作社)59家。核桃初加工企业统一使用"和田薄皮核桃"区域公用品牌,共同努力加快构建"区域公共商标+企业商标+绿色有机食品"的品牌创建格局。建成了和田县核桃交易市场,建成了3座核桃期货交割库,大力发展核桃期货交易。建立了县、乡、村三级收购网络,实时托市收购,疆内收购、疆外销售。发挥跨境电商试验区优势,瞄准"一带一路"沿线国家,全力开拓土耳其、吉尔吉斯斯坦等国际市场。2022年,和田地区销售核桃29.84万吨,总产值达到26.37亿元。

在林果产品市场开拓方面,以已建成的4个物流配送中心、8个运营中心、27个保鲜库、45个销售店、9个县级供销社、68个乡镇供销社、884个农村商务网点为基础,从政策和项目资金上进行扶持,加快农产品收购、销售"两张网"和"线上线下"两张网建设,实现线上线下相结合的全渠道经营模式,建成现代化营销网络与物流模式。

深化与京东、淘宝等电商的合作,在浙江市场各公共仓建设与电商配套的设施,提供电商收货、质检、仓储、拣选、包装、配送一体化的"云仓储"服务。建立起林果产品外销体系和市场流通新体系,发挥援疆省市市场优势,积极打造"双创中心""百店专柜"销售平台和对口援疆市政采云平台。鼓励和支持和田地区各级联合营运公司及加盟企业(合作社)利用政府线上平台开展"小型化、特产化和精致化、源头化"的和田特色农产品销售。加快以和田四大核桃、红枣交易市场为主的果品交易市场建设，将其打造成南疆果品交易中心，以优质核桃为主打产品，强力推进核桃产品市场开拓，积极组织参加各类林果产品展销会、推介会，为生产加工流通企业牵线搭桥。通过优质服务、政策鼓励，帮助农民和企业走出去闯市场，进一步提高和田薄皮核桃的知名度和影响力，确保和田核桃产品大规模走遍中国、走向世界市场。

二、典型县域核桃产业情况

（一）墨玉县

1. 墨玉县基本情况

墨玉县位于新疆维吾尔自治区西南部，是新疆核桃产业布局的优势区。墨玉素有"中国核桃之乡"的美誉，核桃在墨玉栽培历史悠久，分布广泛，资源丰富，是全疆核桃种植大县，2020年12月由中国绿色食品中心授予和田薄皮核桃基地"全国绿色食品原料标准化生产基地"称号。

墨玉县从1996年开始采取科学有效措施，合理布局种植核桃，尤其是从2002年起大面积发展核桃产业，每年以2万至5万亩的速度增加种植规模，现有核桃种植总面积40.66万亩，规模化面积35.77万亩，2023年总产7.36万吨，亩均产220.26公斤，总产值9.85亿元左右，核桃产业年人均纯收入1500元左右，与1996年相比种植规模增加22倍以上，产量增加27倍以上，人均收入增加250倍以上。涉及墨玉县16乡（镇）365个村、种植农户11.5万户42.9万人，全县人均核桃地0.84亩。栽培核桃品种主要有'温185''新新2''扎343''新丰''墨宝'等，其中'温185'种植面积最大，达到6.51万亩，亩均产量234.3公斤，单价可达12—16元；'新新2'种植面积3.65万亩，亩均产量238.5公斤，单价7—11元；'扎343'种植面积7.98万亩，亩均产量218.3公斤，单价6—8元；'新丰'种植面积21.66万亩，亩均产量206.2公斤，单价5—7元；'墨宝'种植0.04万亩，亩均产量262公斤，单价14—16元；其他品种种植面积4.73万亩，亩均产量192公斤，单价5—6元。

2. 墨玉县核桃产业发展举措

（1）落实核桃示范园基地建设工作。紧紧围绕现代特色林果业转型升级、资源可持续利用和农民增收这些主题，从2014年起扎实开展林果业提质增效核桃示范园建设工作。截至目前，全县核桃示范园建设累计面积已达到20.35万亩，共有点位1090个，其中，2023年新建林果示范园1.73万亩，总点位77个。

（2）认真抓好技术服务。墨玉县还建立了墨玉县林果业提质增效管理技术服务团队。围绕特色林果业疏密改造、水肥管理、整形修剪、嫁接改优、病虫害防治等关键环节，技术专家和服务团技术人员深入一线开展"面对面""手把手"传授林果管理方式和经验，确保标准化生产技术到点、到户、到人，从而加强服务，突出重点，解决难点，为林果业提质增效工作的稳步发展提供坚实的技术基础。

（3）支持产业化经营主体建设。一是仓储建设方面。2020年以来，墨玉县在现代农业产业园建设三主粮（和田）特色农畜产品智能化深加工体系项目，其中包含8座适用于核桃储藏的现代化农副产品原料仓库，单个库容量达20万吨。二是初加工建设方面，培育核桃初加工产业化经营主体143家，其中，企业26家，合作社33家，大户84家。三是精深加工建设方面，全县主要核桃精深加工企业共有4家。其中，新疆阿布丹食品开发有限公司，主要生产核桃麻仁糖；新疆昆之味农业科技开发有限公司，主要生产核桃油；源疆食品有限公司，主要生产核桃零食；昆仑利来科技有限公司结合本地核桃、红枣丰富优质的特点，生产加工本地核桃新产品——枣泥核桃糕。

（4）加大市场开拓力度，努力打造名优品牌。一是大力开拓市场，发展品牌战略，把具有新疆特色的、在国内外有一定知名度的名特优林果产品做大做强做优。二是加大项目投资，加强企业技术改造，增强企业自主创新能力，逐步创造条件，引进先进的生产设备和技术，进行林果产品的精深加工，创造本地名优品牌，把原料优势真正变为品牌优势和经济优势，真正使产品占据国内市场，打入国际市场，取得更大的经济效益。三是加大宣传力度，努力开拓内地市场，利用现有政策优势，着重开拓对口援疆省市市场，让和田果品打入内地市场、专卖店、商超专柜。

（5）加强企业人才培养，不断提高经营管理水平。一是完善用人机制。制订人才发展计划，定期选拔企业人员培训、学习，强化专业技术培训，提高现有员工的整体素质，建立和完善行之有效的优惠政策，加大引才力度，着力引进高层次的创新型人才，提高企业的综合创新能力。二是完善人才选拔机制。制定相应的人才选拔措施，着力在大中专毕业生中选聘专业对口、责任心和事业心强的专业人才到企业工作，增强企业活力。三是完善人才激励机制。通过设立"特殊贡献津贴""有突出贡献人才奖"等形式，对从事林果加工、科研成绩突出的企业人才给予奖励，使其尽职尽责地服务企业，为林果加工业的发展作出贡献。

（二）和田县

1. 和田县核桃产业基本情况

和田县位于新疆维吾尔自治区西南部，属暖温带干旱荒漠气候，年平均气温12.2℃，四季分明，夏长秋短，春季多风，冬不严寒，降水量33.5毫米/年，日照2643小时/年，无霜冻210天/年，气候适宜核桃生长。

2023年，和田县核桃种植面积达30万亩，占和田地区核桃种植总面积的17.3%，主要分布在巴格其镇、罕艾日克镇、布扎克乡、拉依喀乡、英阿瓦提乡等乡镇，挂果面积达27.5万亩，产量达6.215万吨，亩均单产226公斤。和田县主栽核桃品种为'新丰''温185''扎343''新新2'等，其中，'新丰'16.41万亩、'温185'1.35万亩、'扎343'6.4万亩、'新新2'1.42万亩，土核桃4.42万亩。

2. 和田县核桃产业经营情况

（1）核桃精深加工方面。目前和田县正常生产、运营的特色林果农民专业合作社、企业有120家，带动就业4500人左右，主要加工核桃、红枣等。客来木专业合作社、乌墩西域专业合作社、萨热木专业合作社等每年出口核桃干果、核桃仁产品达7.5万吨左右，核桃麻糖、核桃油、核桃乳等核桃加工品逐渐走进市场。2023年生产核桃油15吨，核桃乳10万箱。

（2）交通物流方面。和田县地理区位优越，毗邻昆岗机场、和田火车站，全县有农产品冷链物流仓储设施305座，总容量达到1.625万吨，每年可外销核桃及产品15万吨。

（3）市场方面。和田县拥有南疆最大的核桃交易市场，日交易量最高达5000吨，年销核桃可达100万吨。

（4）品牌建设方面。和田县深入开展区域公用品牌和企业产品品牌评选，积极推进"两品一标"认证工作，利用林果交易会、博览会，继续做好林果产品推介工作，做强做优以"薄皮核桃"为代表的林果产品，增加生态产品的有效供给，提高和田林果品牌的知名度和市场份额。和田县于2001年在国家工商局注册"和阗"牌薄皮核桃商标；2011年国家质量监督检验检疫局批准和田薄皮核桃为国家地理标志保护产品；2017年经中国绿色食品发展中心审核，被认定为核桃绿色食品A级产品；2021—2026年获绿色食品管理办公室和中国绿色食品发展中心再次命名全国绿色食品原料（和田薄皮核桃）标准化生产基地。

3. 和田县核桃生产环节的问题

（1）结构单一，管理粗放。和田县的核桃产业在生产过程中存在品种更新换代滞后、品种混杂等问题，难以实现价格优质优价和品牌效应，很难让消费者提升对和田核桃的认可度。

（2）基地管理投入严重不足。农民在种植过程中的投入主动性不够，核桃标准化生产管理意识淡薄，管理粗放，肥料搭配和投入不合理，导致核桃产量、品质和效益不高，果农投入积极性下降，核桃种植面积不断减少。

（3）生产标准化程度低。以农户为主导的零散、小规模种植模式，其技术措施难以统一。林果企业、专业合作社、家庭林场等多元化新型林果经营主体培育滞后，现有标准体系不能满足产业现代化发展需求。

4. 和田县核桃产业发展展望

（1）持续推进品种优化。结合和田地区的气候条件和资源优势，采取嫁接、新栽等方式，大力推进'新丰''温185''扎343''新新2'等优良品种，切实实现核桃品种的集约化管理和发展。加强核桃园的整形修剪、水肥管理、低产林改造等抚育管理工作，做好林业有害生物的防治工作。同时，进一步加大建园式管理模式的规模，从根源上解决因林粮间作而导致的核桃产量低、品质差、效益不高的现状。

（2）加强日常管理培训。从日常水肥管理和病虫害防治入手，结合当前核桃产业发展优势，引导群众正确认识投入、产出和收入三者之间的关系，逐步改变种植户不愿投、不敢投的现状。

（3）稳步推进核桃产业集中化、优势化。以新疆和田果之初食品股份有限公司、新疆客来木农产品有限责任公司等龙头企业为主导，大力推进核桃产业稳链、增链、补链、强链。同时，要全面提升林果业发展水平，积极引进先进实用的现代化果品生产技术和贮藏保鲜技术，引进深加工企业，延长产业链条，增加林果产品的附加值，不断提升产业发展水平。

第三节　喀什地区核桃产业发展

一、总体产业情况

喀什地区的绿洲平原属于温带大陆性气候，光照充足，热量丰富，沙质壤土，灌溉条件较好，是核桃最适宜的种植区之一。截至2022年底，喀什地区核桃实有面积179.25万亩，总产量28.31万吨。核桃种植面积、产量分别占全疆核桃种植总面积、总产量的28.0%、23.7%。根据地区统计数字，2023年喀什地区核桃栽培面积保持在179.32万亩，总产量达到34.42万吨，主要分布于叶尔羌河流域，其中叶城、泽普、巴楚、莎车、麦盖提、疏附等县，核桃栽培面积达到10万亩以上（见表3-5）。喀什地区核桃主要栽培品种有'温185''新丰''扎343'和'新新2'，栽培面积分别为60.06万亩、45.56万亩、39.17万亩和19.51万亩（见表3-6）。

表3-5　2023年喀什地区核桃实有面积及产量

区县	叶城县	泽普县	巴楚县	莎车县	麦盖提县	疏附县	疏勒县	其他	合计
面积/万亩	64.21	33.97	21.58	17.72	15.26	13.53	7.85	5.20	179.32
产量/万吨	13.68	7.12	3.10	3.96	2.73	2.48	0.56	0.79	34.42

表3-6　2023年喀什地区主要核桃品种栽培面积及占比

品种	'温185'	'新丰'	'扎343'	'新新2'	其他
面积/万亩	60.06	45.56	39.17	19.51	15.02
比例（%）	33.49	25.41	21.84	10.88	8.38

　　喀什地区核桃主要采用实生树定植、品种嫁接的建园模式，早期果园品种混杂多样，实生单株多。经过多年的品种改接工作的落实，目前栽培品种纯度相对较高，主要为'温185''新新2''扎343'和'新丰'。但同时也存在品种类型相对单一，主要为仁用型的问题，缺少加工型、鲜食型等专用核桃品种。喀什地区核桃的特异种质资源非常丰富，但受品种改接等因素的影响，流失现象也十分严重，迫切需要加强优异种质资源的保存、鉴定评价及挖掘利用工作，不断进行核桃种质创新，以支撑喀什地区核桃产业的健康可持续发展。

　　过去，受"密度大早受益"等观念的影响，喀什地区核桃栽培间隔度均较小。随着树龄的增长，密植园问题日益突出，如树冠郁闭，通风透光不良，树体上强下弱，内膛光秃空虚，结果部位外移，核桃产量和品质下降等，也不利于集约化、机械化操作。近年来，随着密植园改造力度的加大，许多株行距为3米×4米、3米×5米的果园得到隔行隔株疏密，果实品质得到提升。

　　喀什地区是核桃的传统栽培区，受耕地面积限制，核桃树主要与粮食作物、经济作物等农作物间作栽培在农田上。种植户在生产过程中主要关注对农作物的施肥浇水，而忽略了核桃的需肥、灌水规律，比如小麦施尿素后，尿素下渗被核桃根系吸收，造成氮肥吸收过量，营养过盛，抑制生殖发育。

　　在核桃栽培管理方面，首先，喀什地区整体较为粗放，标准化、集约化、规模化、机械化程度低，不能适应产业规模的快速扩张，仍存在"重栽培、轻管理"的现象，导致产量不稳定、品质下降、效益下滑。其次，整形修剪、精准施肥、水肥一体化、病虫害绿色防控等标准化栽培措施落实不到位，低产低效果园较多。最后，以家庭为单位的小规模生产模式给集约化、机械化栽培管理方式和技术推广造成一定难度，人工作业仍是核桃栽培管理中的主要手段，生产成本高、效率低，坚果质量不能保证，影响后续产品加工以及市场流通。

另外，2023年喀什地区核桃的焦叶症发生仍较为普遍，严重影响了核桃的产量和品质，已成为危害性较大、亟待解决的病害。当前，多个科研院所、高校、生产管理部门等针对这一病害的发病成因、防控技术措施开展了多方面研究，相信不久的将来，核桃焦叶症一定会得到有效控制。

近年来，喀什地区在核桃产业链延伸、品牌建设、销售渠道拓展等方面聚焦发力，如制定土地、税收等系列优惠政策，扶持核桃加工企业建基地、促加工、拓市场、育品牌等。目前，喀什地区核桃加工企业达到69家、合作社122家，年收购核桃8.04万吨，年加工7.99万吨，营收达16.83亿元。喀什地区成立了核桃品牌研究所，从良种苗木繁育、标准化生产管理、采收、加工、销售等环节以叶城县为标准，统一使用"叶城核桃"区域公用品牌，加快构建"区域公共商标+企业商标+绿色有机食品"的品牌创建格局。喀什地区建成了叶城县核桃交易市场，建成3座核桃期货交割库，大力发展核桃期货交易。喀什地区还建立了县、乡、村三级收购网络，实时托市收购，疆内收购、疆外销售，并发挥跨境电商试验区优势，瞄准"一带一路"沿线国家，全力开拓土耳其、吉尔吉斯斯坦等国际市场。2022年，喀什地区销售核桃26.15万吨，总产值达到16.45亿元，其中出口核桃制品2.2万吨，出口金额达2.5亿元。

要促进喀什核桃产业的高质量发展，我们应做到：一、推动适度规模化种植。引导和推动种植企业介入，发挥引领示范作用。二、支持科技创新，标准化栽培管理，提升果品质量。注重机械化、轻简化技术在栽培环节中的应用，如简化整形修剪程序，提高工作效率，及时、有效预防病虫害的发生。采收环节严格实施分级、分类、分品种采摘，建立喀什核桃质量标准体系，保证产品质量。三、提升采后加工能力，促进核桃原料的商品化率。积极引进和开发核桃精深加工的技术水平与产能,延伸加工产业链,提升核桃附加值。

二、典型县域核桃产业情况

(一)叶城县

叶城县地处新疆西南部,区位优势突出,气候条件适宜,是新疆核桃产业发展的优势区,素有"中国核桃之乡"的美誉,是喀什地区核桃栽培面积最大的县。近年来,叶城县将核桃产业作为促进农村经济高质量发展的支柱产业全力培育打造,围绕"现代农业综合产业园"产业布局思路,逐步形成了资源集聚、产业集成、产品集合全产业链生产、各环节相互融合的产业集群。截至2023年,叶城县核桃实有面积达到64.21万亩,总产量达到13.68万吨,主要栽培品种为'新丰''温185''新新2''扎343',良种覆盖率达95%以上。

叶城县各级政府高度重视核桃产业的发展,把核桃产业作为重点支柱产业列入县长远发展规划,谋划出台各类扶持和优惠政策,大力推动核桃产业的高质量发展。如2018—2022年,政府共投入资金10350万元,累计为40多万亩核桃园落实了有机肥补贴政策,并相继成立了20个农机合作社,整合各类项目资金2231.76万元,引进、购买圆盘锯48台,有效推动了核桃产业的机械化、标准化。叶城县连年举办核桃采摘节,积极加强核桃品牌建设,荣获"国家地理标志保护产品""农产品地理标志""全国名特优新农产品""核桃有机产品认证""第二届新疆农产品北京交易会金奖"等多个称号。2022年,叶城核桃入选第四批国家地理标志农产品保护工程,2023年,叶城核桃栽培系统入选第七批中国重要农业文化遗产。

科技是核桃产业发展的重要支撑。叶城县积极推进核桃产业技术人才队伍建设,分区、分片包点负责农民技术培训与推广,各乡镇也增设核桃技术人员,县乡联合推动核桃技术服务工作,积极培养村级农民技术队伍。加强科技攻关,积极引进科研项目和平台,推广品种改优、配方施肥、整形修剪等高效栽培技术,不断提高核桃质量。目前,依托科研院所,叶城县已建成核桃提质增效示范园累计12万亩,建成地县级核桃丰产示范园9个;建成12个林果有害生物监测点，主要病虫害得到有效控制；实施品种嫁接改优，累计改接核桃150万株，良种覆盖率达到95%以上；建立了叶城核桃种质资源圃，汇集保存核桃优异种质资源200余份，开展种质创新和新品种选育工作，为叶城核桃产业后续发展奠定了基础。

叶城县也积极引进、建成了一批核桃产业化龙头企业，不断延伸核桃产业链，逐步向精深加工方向发展，以新疆果业集团叶城西域果叔电商供应链有限公司等为代表的核桃初加工及精深加工全产业链发展布局已初具雏形。目前，叶城县共计有14家核桃初深加工企业（其中，农业产业化国家重点龙头企业2家，省级龙头企业2家），44个核桃卫星工厂，年核桃加工量约7万吨，极大提高了叶城核桃的产品附加值。同时，叶城县还通过参加"全国核桃大会""上海农博会""广交会""亚欧博览会"等各种展销会，扩大核桃产品的销路和品牌知名度，把叶城核桃推向国内、国外市场。

（二）巴楚县

巴楚县位于新疆维吾尔自治区西南部，地处天山南麓、塔里木盆地西北缘，属于温带大陆性干旱气候，气候条件适合核桃的栽培种植。截至2023年，巴楚县核桃实有面积21.58万亩，总产量达3.1万吨，主要栽培品种为'温185''新丰''扎343''新新2'。

巴楚县核桃产业的发展以稳定现有面积、提高农民增收为目标，依托"大合作+小联户"发展模式，通过整合资源优势，推进核桃种植的标准化、规模化、机械化。通过优化产业布局，巴楚县选择琼库尔恰克乡、阿克萨克马热勒乡、恰尔巴格乡等为核桃产业发展的重点乡镇，以提质增效为主线，建立标准化栽培示范基地，规范核桃的生产管理，提升果实产量和品质，以点带面、示范引领，带动全县核桃产业的提标改造。目前，巴楚县已建成核桃标准化栽培示范园20个，共计1.1万亩。

巴楚县积极强化科学技术在核桃生产中的引领作用，以核桃高效示范园为实训基地，抓好核桃园的嫁接改优、整形修剪、水肥管理、病虫害防治等科学管理技术的培训，不断巩固提高种植户的管理技术水平。在果品采收销售环节，巴楚县以销售原材料为主，坚持做好分级、分类、分品种采摘和包装储运，鼓励利用"线上线下"交易平台，拓宽销售渠道。

在核桃的加工生产方面，巴楚县核桃加工企业（合作社）仅有3家，以核桃初加工为主，年加工核桃量达4500吨左右，核桃精深加工方面的能力严重不足。

（三）泽普县

泽普县地处塔里木盆地西缘、叶尔羌河冲积平原的中上部，海拔高度为1215—1490米，地势平坦，适合核桃的栽培种植。截至2023年，泽普县核桃栽培面积为33.97万亩，总产量达7.12万吨，主要栽培品种为'扎343'和'温185'。

泽普县高度重视林果产业的发展，坚持以核桃提质增效、农民增收为目标，通过标准化示范园建设、疏密改造、有害生物综合防治等措施，推进核桃产业的高质量发展。泽普县累计投入资金9095万元，建设了核桃标准化示范园3万余亩；实施以核桃为主的果园疏密计划改造8.38万亩，嫁接改优132.7万余株；依托国家和自治区级林业有害生物监测点，加强主要病虫春尺蠖、黄刺蛾等的综合有效防治，有害生物基础防治实现100%全覆盖，全县10万亩核桃获得中国质量认证中心良好农业规范GAP认证。

泽普县在核桃产业发展中，注重推广应用绿色高效栽培种植技术。加强科技示范园平台的建设，全面推行核桃的标准化生产；建立核桃技术服务合作社，逐步提高种植户的栽培技术，确保户均至少有一个核桃综合管理"明白人"。通过高效标准化栽培技术的应用，泽普县为促进核桃提质增效、农民增收奠定了坚实基础。

在核桃加工、销售方面，泽普县构建了"公司+合作社+农户"的模式，开展了核桃全产业链、供应链的平台建设，不断提高产品附加值。目前，全县共有核桃等林果加工销售经营主体77家，其中加工企业28家、合作社49家，年加工核桃5万余吨，有效促进了核桃种植产业的发展。

第四节　几点启示

经过近60年的发展，新疆先后选育出了闻名全国的优良品种，形成南疆地区阿克苏、喀什以及和田三地的优势产业带。核桃产业逐渐成为当地促进农村农业经济发展、农民可持续增收的主导产业。纵观新疆核桃产业的发展历程，可以得到以下几点启示：

一、资源优势促发展

新疆的核桃产区主要集中在环塔里木盆地的灌溉绿洲，这里核桃栽培历史悠久，分布广泛，种质资源丰富。新疆以其独特的光热、土壤等自然条件，培育出的核桃结果早、个大、壳薄、品质优良。早在20世纪80年代，新疆科技工作者已经开始了核桃良种选育工作，在自然和人为的干预下，培育出'温185''新新2'等多个享誉国内外的优良品种。国内许多核桃优良品种都是直接从新疆核桃中或源于新疆核桃培育而成。在生产模式方面，由于栽培区域地势平坦，新疆核桃采用大田生产模式，并且核桃主产区较为集中，几乎都分布在南疆阿克苏、喀什、和田地区，3个地区核桃产量占全区产量的95%以上。南疆核桃的生产模式非常适合机械化生产，发展核桃生产全程机械化，可以有效降低生产中的劳动成本，便于集中管理，形成规模效益，提升核桃产量与品质。因此，在良种资源和生产模式方面，新疆与国内其他核桃主产省份相比，具有较强的竞争优势，适于在良种化和栽培管理水平方面发挥引领作用。

二、全产业链发展增活力

近几年，由于核桃的价格低迷，农民种植核桃的积极性下降。为了保障核桃产业可持续发展，政府开始引导农民重视核桃采后商品化处理，以提高核桃商品的品质。当地政府通过科研立项加强自主研发，引进适合中国国情的核桃采后商品化处理的设备,倡导农民对核桃进行适时采收并进行必要的清洗、干燥、分级等商品化处理,从而提高核桃商品品质,提高市场竞争力。在新疆薄皮核桃产业集群建设中,政府的这些措施带动了一大批农业产业化龙头企业、农民专业合作社等各类经营主体、科研机构、社会团体共同参与。阿克苏市、叶城县、墨玉县等7个县(市)形成了薄皮核桃产业带,全产业链发展模式日趋成熟,联农带农利益联结机制更加完善,产业集群促进了核桃产业的高质量发展。

三、精深加工增效益

核桃营养价值高,富含多不饱和脂肪酸、优质蛋白、维生素E、甾醇、黄酮类物质等有益组分,享有"万岁子""养生之宝"的美誉。近年来,新疆通过培育和引进核桃精深加工企业,建设现代农业产业园区及冷链仓储,构建起"一产接二连三、核桃'吃干榨净'"的全产业链体系。加工企业从核桃青皮中提取单宁,用作化工原料;以前当柴烧的核桃壳被加工成活性炭、石油生产中的堵漏剂;核桃分心木被加工成保健茶;以核桃仁为主辅料的即食食品、饮料、糕点有20多种;核桃树每年修枝后废弃的树枝,被加工成合成板,也可经粉碎后用于黑木耳菌棒制作,在变废为宝的同时,还带动当地人们就业增收。这些产品主要通过新零售、电商、批发市场、商务团购等渠道销售,销售区域覆盖了全国市场乃至国外,深受消费者青睐。核桃的精深加工与副产物的综合利用已成为提升核桃产业整体效益的重要方向,在未来新疆核桃产业发展中将发挥更加显著的作用。

第四章

南疆核桃产业发展典型企业

南疆地区凭借优质的核桃资源、独特的区位优势和政策优势，为核桃相关企业、实体创业兴业提供了发展机遇。同时，众多企业、实体也充分发挥其在整合种植、加工、营销等生产要素方面的优势，积极推动核桃种植基地建设、开发核桃加工新产品、打造南疆地区核桃品牌，不断提高核桃产品的附加值和市场竞争力，推动了南疆核桃产业的升级和竞争力的提升。本章选取了南疆地区的几家典型企业，介绍其在经营管理、品牌创建、联农带农等方面的特色和经验。这些典型企业都致力于服务产业、服务群众、服务社会，在管理模式方面锐意创新，在产品开发和技术创新方面精益求精，在核桃种植、加工、销售等各个环节都起到良好的示范和带动作用，为当地经济社会发展和乡村振兴作出了突出贡献，是南疆核桃产业发展的重要主体。

第一节　新疆果业集团有限公司

新疆果业集团有限公司（以下简称公司）是一家由自治区供销社控股的混合所有制农业企业，公司被授予农业产业化国家重点龙头企业、国家重点林业龙头企业、国家电子商务应用示范企业、国家农产品加工百强企业和自治区扶贫龙头企业等称号，是国家农业产业化重点龙头企业百强企业、联农带农十强企业、全国脱贫攻坚先进集体、全国农产品百强加工企业、国家中小企业电子商务服务示范平台、国家农业部农业农村信息化示范基地。该公司旗下拥有70多家涉农专业子公司。2018年以来，新疆果业集团按照"打造好品牌、形成好龙头、发挥好优势、带动好发展"的工作要求，全力推进农产品"两张网"建设。先后在和田、阿克苏、喀什、吐鲁番等林果产品主产区新建、布局仓储加工交易集配中心11个，农产品批发市场9个，已建成并投入运营的总经营服务设施面积达260.78万平方米，其中，建成冷库总面积达24.9万平方米，总库容达175万立方米，农产品仓储总量达26万吨，获批及可控红枣交割库规模达

9.6万吨；托管农产品加工园区及配送中心设施为20.79万平方米。新疆果业集团开拓、发展国内外销售渠道及合作网点5000多个，累计购销、交易农产品总量达1000万吨，其中，托市收购红枣、核桃、葡萄干、杏等103.7万吨，直接、间接带动100多万农村人口增收，带动城乡就业7.9万人次，稳定了林果产品市场价格，带动了农民持续增收，为助力新疆特色林果产业发展及乡村振兴发挥了龙头带动作用。

近年来，公司紧紧围绕促进新疆特色林果产业化发展这一主题，着力推进农产品"两张网"建设，不断深化企业改革与管理创新，积极履行社会责任，为加快推进农业现代化建设，促进农民增收，维护全区社会稳定和长治久安作出了贡献。

下面，我们以新疆果业集团下属的两个子公司为例，介绍企业的情况：

一、阿克苏裕农果业有限公司

（一）基本情况

阿克苏裕农果业有限公司是一家现代化核桃、红枣加工企业，成立于2019年8月，注册资金为12085.7万元，坐落于温宿县恰格拉克乡恰格拉克村8组，距离乡政府驻地4公里。公司系新疆果业（供销润达）投资建设新疆农产品"两张网"重点项目之一，由新疆阿克苏果业有限责任公司和新疆供销润达投资有限责任公司共同持股。公司总投资2.6亿元，占地面积300亩，建筑面积7.3万平方米，其中，常温仓储棚27000平方米，核桃清洗、烘干、分选大棚24396平方米，加工车间5083平方米，综合办公楼3531平方米，冷库4979平方米。公司最高可提供季节性就业500余人次，年均提供就业2000余人次，年加工核桃5万余吨，产品销往全国各地，使周边农民种植的核桃产得出、有销路、有收入，辐射带动当地6000多户农民增收致富。

（二）荣誉与资质

2020年，公司被认定为阿克苏地区农业产业化重点龙头企业、自治区扶贫龙头企业；2021年，公司通过评审为安全生产标准化三级企业、自治区农业产业化重点龙头企业，已取得出口食品生产企业、食品生产许可资质。

（三）主营业务与模式

公司主要从事核桃、红枣收购、加工、销售等业务，采取"公司+合作社+基地+加工厂+农户"的经营模式，为新型农业经营主体、小微企业、农民经纪人、商户等提供核桃加工、交易、仓储、物流配送、金融等一体化创业服务。公司通过统一采收，规模化、标准化加工等提质增效方式，提高果品商品率，从而提升种植户与市场信心，统筹销售，促进产业良性发展。全厂常温仓储交易规模达15000吨，冷库仓储规模达2000余吨。

（四）生产线及产品特色

公司有6条现代化核桃加工生产线，日处理青皮核桃最高可达3000吨，出品干核桃600吨，每条生产线将去青皮—清洗—烘干—分选打包等关键生产环节有机串联形成完整的机械化流水线，大大节省了每个环节的衔接成本，基本做到成品溯源，同时生产效率提高3倍以上。公司采用高效节能的热泵技术，使核桃干燥时间缩短到45小时，有效提高了果品的品质和色泽，减少了核桃霉烂损失，烘干后核桃含水率控制在8%以内，核桃尖普白仁95%以上，较传统晾晒提升40%。干核桃处理配置X光机及色选机等智能设备精准挑选，空、瘪、油果较传统人工挑选降低3%—5%。由于公司的规模化、标准化生产，品质更稳定，数量有保障，老客户已习惯从公司发出每年第一批面市的核桃以抢占市场先机。每年新品上市季节，公司会紧张有序地加工发货，最高一天可发货25车（约30吨/车），以排号装货方式有序进行。

（五）带动就业，助力当地经济发展

公司从2020年3月开始动工建设，2020年8月底部分投入运行，当季完成核桃加工量1.45万吨，并积极响应政府号召，托底收购新疆灰枣2.3万吨，提供就业1000余人次，切实缓解了新冠疫情环境下农产品出疆难、当地居民就业难的现实问题。2021年修建现代化红枣加工生产车间5083平方米，当年消化加工、销售灰枣1.2万余吨，加工、销售核桃1.5万余吨，提供就业1700余人次，并修建48间现代职工宿舍，设立清真餐厨房，最大限度提高劳务工人生活质量，让辛劳一天的工人吃得舒心，睡得安心。2022年厂区全面竣工验收，总占地面积达297亩，常温仓储2万余吨，冷藏库容量为2000余吨，青皮核桃日加工能力达3000吨（折干果600吨），红枣100吨。当年核桃采收季正是新冠疫情防控政策放开前最紧张的阶段，核桃出疆受阻，青皮核桃普遍行情价格不超过2.45元，农户焦急而无奈，公司主动向恰格拉克乡政府出价2.6元收购当地农户青皮核桃，出价后一夜间拉动了全县青皮核桃交易的价格。

本着安全、平稳、精进的高质量发展原则，公司不断完善工艺、规范流程、探索模式，不急躁、不懈怠，努力实现质量与数量平衡、安全与效率并重的高质量发展目标，力图使"两张网"综合生产能力进一步提升，一、二、三产业融合发展格局更加坚固，市场竞争力和带动能力日益突出，成为自治区带动巩固脱贫攻坚成果和乡村产业振兴的主力军。

二、和田惠农电子商务有限公司

（一）基本情况

2018年5月24日，时任新疆维吾尔自治区党委书记陈全国莅临新疆果业集团视察、指导工作，提出了新疆果业集团要围绕"打造好品牌、形成好龙头、发挥好优势、带动好发展"的总要求，从2018年起，立足新疆特色林果产业，力争三年之内织好农产品两张网——一张疆内收购网，一张疆外销售网；三年实现收入突破100亿元；三年销售农产品500万吨；三年带动100万农村人口增收的目标任务。

为了认真贯彻落实好陈全国书记的重要指示精神和工作安排部署，和田惠农电子商务有限公司作为新疆果业集团控股子公司，承担了和田农产品仓储、加工、物流集配中心项目的建设。该项目位于和田县巴格其镇，总占地面积为277.59亩，投资1.8亿元，建成加工车间、保鲜库、交易大棚等和田特色林果生产经营服务设施共8万平方米，购置保鲜库制冷设备、保鲜库配套设施、核桃仁脱衣生产线、青皮烘干线、核桃烘干生产线、核桃清洗生产线等。该项目于2018年8月开工建设，2019年10月陆续投入运营，农产品仓储加工交易集配能力达到30万吨。公司注重应用、引进国内外先进的核桃加工技术和工艺，提升核桃加工能力和水平，核桃本土加工规模达到30万吨。从2019年至今（2023年底），累计购销、加工、交易核桃10万吨，累计服务中小微企业、农民专业合作社17家，安置农民就地就近就业3500人以上。公司已成为和田促进农民增收及乡村产业振兴的重要抓手和载体。

（二）主要做法及成效

1. 强化农业产业化基础设施投入，提升产业发展的竞争力

公司结合自治区优势林果主产区布局情况，补短板、强弱项，因地施策，在和田县建立和田核桃仓储加工交易集配中心1个，建成经营服务设施8万平方米，露天货场2万平方米，改变了过去当地林果产品生产经营基础设施条件差，不能较好地解决产地农产品交易、分选、加工、分级、清洗、预冷、冷藏运输等问题的局面。

2. 强化产地加工产业投入，增加市场竞争力

公司先后投资2500多万元，引进、新建核桃加工生产线、X光分选机等70余条/台/套，大力提高了核桃产地初加工能力。通过核桃加工技术的提升，核桃脱青皮加工率由过去的不足20%提升到70%以上，核桃白仁率由原来的25%提升到80%以上，有效解决了因传统、落后的青皮核桃腐化沤烂脱皮方法导致核桃仁发黄、发黑等问题，核桃商品率和附加值大幅提升，助力了新疆核桃开拓国际市场，提高了其市场份额。从2019年至今（2023年底），公司主要作为新疆果业集团的出口加工基地，为果业集团核桃出口提供核桃产品；与国内知名的饮品公司合作，为其提供优质、安全的核桃产品原料，塑造了新疆绿色、生态、优质、安全核桃品牌的形象。2023年，公司利用当地特色农产品优势，引进核桃饼低温萃取蛋白生产线1条，核桃油毛油及精炼整套生产线1条，日产20吨的核桃炒货生产线1条，6000瓶/小时瓶装饮用水生产线及配套2吨蒸汽锅炉、化验室等，并陆续开发了核桃油及核桃蛋白、多味核桃、脱衣核桃、琥珀核桃仁等系列产品，为线上、线下市场一体化运营拓宽产品范围。

3. 扩大农产品收购规模，林果产品收购价格稳中有升

2019年以来，在新疆果业集团的统一布局下，和田惠农公司不断扩大林果产品的收购规模，2019年至2020年共计购销核桃总量5万吨，'温185''新新2'核桃收购价格较2018年每公斤上涨1.5元，有效稳定了和田核桃的市场价格，保障了农民利益。

4. 带就业扶贫困，助力农民增收致富

和田惠农公司以和田核桃产业发展为杠杆，在收购、加工、销售等各个环节安排合适的岗位让贫困户在企务工，通过获得工资收入，解决贫困户的生活实际困难，实现当年脱贫目标。公司累计安排农民就业3500人次，安置脱贫户就业1000多人。在提供就业岗位的同时，公司还强化农民素质提升，累计为2000人次以上农户提供农业技术、思想教育、普通话培训等服务，不断提升贫困地区民族群众主动脱贫的意识和致富能力，为提升当地的公共服务水平、助力脱贫攻坚、促进民族团结、维护社会稳定作出积极贡献。

（三）下一步发展方向

2024年，公司将增加小包装终端产品及团购业务，以提升毛利率。一是组建团队，全力以赴开拓小包装终端及团购业务终端销售渠道，计划2024年终端渠道销售1000吨，并逐年递增，扩大规模。二是提升精深加工水平，开发烤核桃、脱衣核桃仁、多味核桃仁、坚果烘焙食品、核桃油等精深加工产品，延伸产业链，增加附加值和品牌知名度，实现终端精深加工产品销售500吨以上。

第二节　喀什疆果果农业科技有限公司

一、基本情况

喀什疆果果农业科技有限公司（以下简称公司）成立于2015年11月，注册资金为5271万元，是新疆维吾尔自治区农业产业化重点龙头企业、国家高新技术企业，总部位于"丝路明珠"新疆喀什疏附县。公司秉持"帮助新疆果农，造

福新疆社会"的企业使命，致力于通过科技创新提升新疆林果产品附加值，帮助新疆果农将质优味美的新疆瓜果销售出去。目前已覆盖原果、休闲食品、健康饮品、时令鲜果、精装礼盒等五大产品系列54个产品，并积极布局第三产业，努力打造一、二、三产融合发展的综合性企业。

二、荣誉与资质

公司先后获得国家级高新技术企业、重点信用认证企业，新疆维吾尔自治区农业产业化龙头企业，自治区专精特新中小企业，自治区优质电商供应链企业，自治区2020年《千企帮千村》精准扶贫行动先进民营企业，自治区乡村振兴先进集体等荣誉。

三、运营模式与成效

目前，公司正持续打通全产业链，全面推动完善行业产业分工，确保每款产品质量过硬、品质上乘。

（一）种植管理环节

公司积极扎根新疆本土，推行"企业+合作社+种植基地"的运营模式。在当地，许多林果种植区面临着种植方式不科学、加工环节落后，以及果农缺乏市场营销意识和技能的现状。公司利用自身在行业的影响力和持续稳定的规模化采购能力，帮助当地果农种上好果实，过上好生活。自成立之初起，公司就坚持从种植源头入手，帮助当地果农改良林果品种、提高林果种植品质。公司每周开展科学种植培训，邀请新疆农科院和西北农林科技大学的专家教授深入田间地头，为当地果农开展林果科学种植管理的培训。

公司利用科技小院—核桃小院的平台，通过会议、现场指导相结合的方式开展核桃标准化管理技术培训，重点培训、指导良种核桃病虫害防控技术、核桃夏季管理技术等，提高核桃丰产栽培管理技术水平和能力，增强核桃树体通风透光能力，减少核桃园病虫害的发生，实现成龄园的稳产、丰产，增加种植户的收益。

通过与其他特色产业科技小院的交流互动,学习先进经验,从技术推广、人才培养、产业服务及产业链延伸等方面探讨科技小院功能的提升,充分发挥科技小院模式在农业人才培养与服务农业强国建设中的显著成效与示范引领作用,制定升级版的疏附核桃科技小院运行机制,促进科技小院的可持续发展。

截至目前,公司已累计帮助农户进行果树改良升级4500亩,改良后亩均增收30%以上,全部实现兜底包销;累计帮扶收购本地农特产品10.5万吨,帮助5万户农民增加收益;每年组织培训超过200场次,累计培训超过800场次,累计培训人次超过5万;与76家合作社签订合作协议,带动就近就业超过3500人;帮助146户农民成为股东,累计分红140万元。

（二）加工环节

在加工生产环节,公司对原料优中选优,自建车间,重视研发。目前,公司自建的10万级无尘生产车间,获得HACCP国际食品安全认证及ISO22000食品安全管理体系认证。公司在生产设备的除菌消杀方面均有严格的制度流程,所有生产人员在进入作业区前都需要经过严格着装及消杀流程,用严密的除尘除菌保障制度与措施,为"疆果果"的产品提供生产质量保障。公司在产品质量控制上更是精益求精,所有原材料都需要进行3轮机器筛选、2轮人工精选,层层优选,最终只有10%的原材料能够成为"疆果果"。

此外,公司还将每年营收的6%作为研发投入,不断提升制作工艺和口感,确保产品成为行业典范,以此确保每年推出8—10款新品,且有1—2款具有成为爆品的潜质。公司旨在通过较高的研发投入,确保在技术上的快速迭代,促进疆果果品牌的快速发展。在核桃加工方面,公司先后推出薄皮核桃、枣夹核桃、烤核桃、脱衣核桃仁、调味核桃仁(咖喱味核桃仁、藤椒味核桃仁、酸奶益生菌核桃仁、榴梿味核桃仁)等产品,现有技术储备12款核桃及核桃仁制品,涵盖炒货、糖果、酱腌菜、罐头、预制菜等五大类产品。

（三）营销环节

公司注重品牌建设和打造,连续两年入选央视展播品牌,与全国60余家头部媒体有战略合作，是100家中字头媒体+170余家行业核心媒体特约供稿单位。

公司通过建设五大仓（喀什、西安、广州、深圳、上海）和十大城市服务网点（喀什、北京、上海、深圳、广州、长沙、成都、西安、郑州、南京），已初步实现了全国的战略布局。此外，公司在淘宝、京东、抖音、今日头条、中国电信天虎商城、中国工商银行融易购商城、广州市建筑集团、中国社会扶贫网、中国建设银行善融商城、扶贫832、国家电网慧农帮等600余家第三方平台开设有商城。

公司正努力成为新疆文化和国民健康生活方式的有力推广者。伴随着坚果品类在中国市场的快速崛起，公司以消费者需求为核心，持续提升坚果品类的产品价值、情绪价值、社交价值，用高品质产品和服务满足人民群众对美好生活、健康生活的需要，让千家万户享受到新疆大坚果的美味。同时，作为土生土长的新疆休闲零食品牌，疆果果产品也在不遗余力地传播新疆文化和新疆故事。从精选产区的地道风味，到饱含西域元素的产品包装，疆果果产品永远那么"疆味"十足。

（四）管理模式

在管理上，为了让更多人投身"帮助新疆果农，造福新疆社会"的事业，公司推出了"全员共治，全员共享"的企业治理机制。今天，已经有120名员工成为公司的股东。未来，80%以上的员工有望成为股东，共同参与公司的治理，共同分享发展红利。

通过运用先进的信息化管理模式，公司着力打造数字化质量管理平台，目前已经形成了集"种植—深加工—销售—科研"于一体的农业产业化经营模式，实现了食品生产加工从田间到消费者的质量安全全程可控和可追溯的目标。

通过"企业+合作社+种植基地"的运营模式，公司取得了快速成长。2020年，公司实现销售额1.05亿元；2021年实现销售额2.2亿元；2022年实现销售额2.8亿元；2023年实现销售额3.5亿元。

四、科技创新

公司现有科技人员43人，其中博士2人，硕士研究生5人，拥有发明专利2项、实用新型专利6项，软件著作权12项，外观专利38项，是新疆维吾尔自治区认定的企业技术中心和自治区博士后创新实践基地，先后与喀什大学、新疆农科院、西北农林科技大学、中南林业科技大学等科研单位和院校建立起不同层级、不同方式的产学研联合体。公司先后通过HACCP体系认证、ISO22000食品安全管理体系认证、圳品认证。

公司的科研项目及产品在多次创新创业大赛中斩获殊荣，先后获得"第五届新疆创新创业大赛（喀什赛区）暨第三届喀什地区创新创业大赛成长企业组二等奖""第十一届中国创新创业大赛（新疆赛区）暨第九届新疆创新创业大赛（成长组）三等奖"，入围第十一届中国创新创业大赛全国赛。

五、打造商业生态圈

公司正在努力打造积极健康的商业生态圈。公司与喀什地区的各兄弟农产品加工企业开展全方位的合作，并根据各自的资源、能力进行合理化分工，明确各家企业在产业链上的合理位置，充分发挥各家企业的长处，实现最优的资源配置和优势互补，以此推动整个产业链的快速发展。

同时，公司与兄弟企业一起制订了喀什地区的团体标准、生产加工过程的工艺标准、加工企业的环境标准等。众企业通过团体标准的打造，提升了企业的市场竞争力，推动、引领了行业整体水平的提升。通过工艺标准的提升，帮助企业稳定了产品质量，提升了合格率，提升了效益。通过建立更加清晰的环境标准，为企业的安全生产提供了强有力的保障。

六、社会责任与担当

公司在不断发展壮大的过程中，始终积极践行企业社会责任，反哺社会。多年来，公司始终聚焦为果农增收这一核心使命，通过种植培训、改良育种、销售兜底等举措，直接带动5万余名贫困农户脱贫致富。

勇于担当，是公司的精神印记。8年来，公司累计捐赠超过910万元的款物，支援灾区、帮助果农、资助教育事业等。其中蕴含的大无畏和大爱心，构成社会责任的精神内核。

公司将立足整个产业链的发展，与链条上的各个合作伙伴一起将产业链的各个环节做大做强。首先，要让最上游的种植户实现收益的持续稳定增长，以此来确保优质原料源源不断的供给；其次，要让各加工企业实现更好的经济与社会效益，以此推动企业加大投入、推动产业链的良性循环发展；最后，通过技术与商业模式的创新，来满足顾客的不同需求，为顾客创造新的价值，从源头激活整个产业链。

七、公司愿景

未来，公司将坚定不移发挥"新疆瓜果"的产业优势，深入科研，为消费者提供更美味更健康的疆果产品，持续不断践行"帮助新疆果农，造福新疆社会"的企业使命。

第三节　新疆美嘉食品饮料有限公司

一、基本情况

新疆美嘉食品饮料有限公司（以下简称公司）是叶城县于2012年7月招商引资的一家农业产业化重点企业。公司坐落于叶城县轻工业园区，注册资金为5688万元，现有员工346人，其中高、中层管理人员26人，专业研发人员12人。该公司是一家集多种系列食品及饮料、农副产品研发、生产、销售于一体的综合性企业。该公司主要依托叶城县60万亩核桃资源，以核桃精深加工为主，生产、销售植物蛋白饮料、核桃仁、核桃油、核桃休闲食品等系列产品。公司实行"公司+基地+合作社+农户"的运营模式，先后与叶城县农户和21家农民专业合作社签订了核桃种植收购合同,公司目前拥有核桃油全自动生产线1条,利乐饮料生产线2条,易拉罐饮料生产线2条,PE瓶装饮料生产线1条,年产核桃油12000吨,核桃蛋白粉3500吨,纯牛奶8万吨,植物蛋白饮料15000吨。2023年4月,公司与蒙牛达成合作,现已安装3条年产8万吨纯牛奶生产线、2条年产6万吨酸酸乳生产线。

二、荣誉与资质

公司产品全部通过绿色、有机、ISO9001质量管理体系、HACCP等体系认证。2018年、2019年公司连续两年被评为"自治区级重点龙头企业";2020年、2023年被评为"国家级农业产业化重点龙头企业";2021年获得教育部"水媒法提取植物油及副产物高效回收与利用"技术发明奖"二等奖";2020年获得2023年度自治区"专精特新"中小企业称号。

三、科技合作与产品创新

公司在10年的管理、运营中与北京林业大学、江南大学、新疆大学、新疆农业大学、新疆农科院等大专院校及科研单位建立了良好的合作关系,并组建了由各大院校专家为主要负责人的专业服务团队。这些专业团队从种植、生产、销售、管理、研发各环节为公司提供全方位的专业服务。公司在产品策划能力、市场营销能力、技术服务能力、核桃深加工关键工艺技术生产能力和质量保证能力等方面得到了全面提升。公司通过自主研发与科技合作,开展的核桃相关项目与产品包括:

(一)建设10万吨核桃预处理生产线,该项目的产品包括出口商品带壳核桃、多级精分核桃仁、脱衣用核桃仁、油用核桃仁等。

(二)建设2万吨干法脱衣核桃仁生产线,该项目的产品涉及出口用商品脱衣核桃仁、干法脱衣核桃仁、水解核桃蛋白用核桃仁、浓香核桃蛋白用核桃仁等。

(三)建设1万吨核桃仁系列产品小食品生产线,该项目的产品涉及琥珀、蜂蜜、海苔味等系列桃仁，烤核桃系列，核桃酥糖系列，核桃软糖系列，及核桃酱、核桃酥、桃仁列巴、核桃玛仁糖等核桃衍生品。

（四）已建成5000吨多种核桃蛋白、蛋白肽提取联用生产线，主要包括压榨车间、亚临界萃取车间、核桃蛋白超微粉碎车间、水解核桃蛋白提取车间、核桃蛋白肽生产车间，项目产品包括核桃毛油、水解核桃蛋白、浓缩核桃蛋白（浓香型、高蛋白型）、核桃蛋白肽、饲料用核桃蛋白。

（五）已建成1万吨核桃油精炼灌装生产线，该项目的产品包括婴配级脱塑核桃油、脱塑有机特级核桃油、脱塑一级核桃油、二级精炼浓香核桃油。

（六）已建成2000吨GMP功能性食品生产车间，产品涉及核桃油软胶囊、复合蛋白肽、核桃分心木茶等核桃功能性食品。

（七）建设核桃文化工业旅游体验馆，建设核桃工业旅游体验路线。

（八）2023年，公司投入3500万元完成日处理250吨牛奶生产线的安装与调试工作，并在2024年4月正式投入生产。

四、产品特色

该公司的核桃粉是由核桃经过精细研磨和加工制成的粉末状食品，它保留了核桃的营养价值，富含不饱和脂肪酸、蛋白质、纤维、维生素E、B群维生素以及多种矿物质如锌、镁、钾等。这些营养成分对人体有多种益处，如促进心脑血管健康、增强免疫力、提高记忆力和延缓衰老等。该公司的核桃粉产品，凭借其优质的核桃原料和精细的加工工艺，成为一款营养丰富、口感细腻的健康食品。除了生产核桃粉产品，公司还推出了核桃乳产品，为消费者提供更多元化的选择。公司生产的核桃乳是一种以核桃为主要原料制成的植物蛋白饮料，具有浓郁的核桃香气和独特的口感。它富含优质蛋白质、不饱和脂肪酸、膳食纤维、维生素和矿物质等多种营养成分，对人体有多种益处，如促进心脑血管健康、增强免疫力、提高记忆力和延缓衰老等。公司的核桃乳产品，采用先进的生产工艺和严格的质量控制，以确保产品的品质和口感。同时，公司还注重产品的包装和宣传，以满足不同消费者的需求和喜好。总体来说，公司的核桃乳产品是一款营养丰富、口感独特的植物蛋白饮料,适合各个年龄层次的人群饮用。

五、运营策略

核桃产业是叶城县的主导产业,公司立足叶城县优质核桃资源,在运营方面,注重核桃产业链延伸、品牌建设、技术创新和市场拓展四大核心要务,通过一系列举措,在推动企业自身发展的同时,助力提升叶城县核桃产业的整体竞争力,带动地方经济的发展。

为加强对叶城县乃至新疆地区的核桃种质资源进行研究与保护,满足核桃精深加工产业链中关键技术研究与应用的需求,公司建成了核桃产业工程技术研究中心。在产业链延伸方面,公司加强上下游产业链整合,从种植、加工到销售形成闭环,提高产品的附加值,同时促进相关配套产业的发展。在品牌建设方面,公司通过标准化生产和品质控制,塑造企业自身的品牌形象,提升产品的市场认知度和消费者信任度。在技术创新方面,公司投入研发资源,采用现代农业技术提高核桃的产量和品质,同时开发新产品,满足市场的多元化需求。在市场拓展方面,公司注重国内外市场的开拓,建立稳定的销售网络,通过电商平台和国际贸易渠道,扩大产品的销售范围。

六、企业愿景

核桃产业是叶城县的支柱产业,其发展状况直接关系到老百姓的收入和生活水平。企业的发展愿景就是推动当地核桃产业的发展,通过对核桃产业的深入挖掘和科学规划,在实现企业快速成长和发展的同时,为地方经济繁荣和社会全面进步贡献力量,确保发展成果惠及每一位农民,让农业成为有吸引力的产业,让农村成为宜居宜业的美丽家园。

第四节　阿克苏浙疆果业有限公司

一、基本情况

阿克苏浙疆果业有限公司（以下简称公司）是浙江省杭州市援疆指挥部重点招商引资的产业援疆项目，是一家致力于核桃标准化生产的农产品精深加工企业。该公司成立于2018年7月，坐落于中国"核桃之乡"阿克苏市，注册资金为1000万元。2020年6月，企业为了进一步扩大生产规模，新增投资3亿元，在阿克苏商贸物流产业园新建了厂区，占地面积109亩，一期工程新建厂房25000平方米。新工厂引进了纸皮核桃全自动烘烤线、核桃油冷榨生产线、核桃自动剥壳机、红外全自动核桃仁分选机、核桃枣泥糕生产线等设备，于2021年7月全面正式投入使用，年加工核桃坚果能力达2万吨。主要产品有纸皮核桃、核桃仁、核桃油、核桃枣泥糕等四大系列80余个单品。

二、荣誉与资质

公司是核桃产业国家科技创新联盟副理事长单位、中国坚果炒货专业委员会副会长单位、阿克苏地区核桃全产业链链主企业、阿克苏地区核桃产业协会会长单位，先后荣获"国家高新技术企业"、自治区"农业产业化重点龙头企业"、自治区"专精特新"中小企业、自治区级企业技术中心、浙江产业援疆"百村千厂"工程示范工厂、"阿克苏地区农业产业化先进企业"、"就业扶贫先进单位"等荣誉称号，公司通过了ISO9001质量管理体系和ISO22000食品安全管理体系认证。

三、运营模式

公司积极发挥核桃全产业链链主企业优势，助力乡村振兴。公司构建了核桃产业"公司+合作社+农户"的模式，在阿克苏市建成"国家级优质核桃基地"达2万亩,带动180余名农民就地就近就业,直接或间接带动3600多家农户增收,形成了核桃"初加工在乡镇、深加工在园区"的发展格局。

四、科技合作与创新

公司建有核桃研究院、博士工作站,占地600平方米,拥有气相色谱仪、气相色谱质谱联用仪、液相色谱质谱联用仪、高效液相色谱仪等精密仪器170余台。公司现有专职科技人员19人,其中,高级职称2人。科技人员主要承担两大职能,一是对公司产品承担出厂检验,确保每个出厂批次产品合格,保证食品安全。二是为企业研发新产品,他们与中国林科院、浙江大学、北京林业大学、塔里木大学等科研院校产学研合作,参与核桃国家标准及行业标准制定,开展核桃种植、加工技术研究及开发功能性产品,满足消费者需求。

公司先后主持国家科技部"科技助力2020","核桃仁物理脱衣关键技术提升研究及应用"项目;新疆维吾尔自治区科技支疆项目"核桃仁深加工、贮藏与流通全产业链科技创新与示范";参与国家重点研发计划部省联动项目"新疆核桃等特色油料作物产业关键加工技术研发与应用";主持自治区重大科技专项"新疆核桃油与核桃粕精深加工关键技术研究与应用"项目,有力助推了新疆核桃产业的高质量发展。

五、产品营销

公司依靠杭州公司的区位优势,建立了完善的供应链体系,在盒马、世纪联华设立了销售专柜,还利用天猫旗舰店、天猫超市、京东、拼多多等多个传统电商平台开展销售工作。另外,公司产品在抖音直播间、社区团购等多个平台均有销售,2023年销售额达15500万元。

公司将依靠科技进步,致力于成为阿克苏农产品精深加工的领军企业,带动农民增收致富,为巩固脱贫攻坚成果和促进乡村振兴作出更大贡献。

第五节　新疆和田果之初食品股份有限公司

一、基本情况

新疆和田果之初食品股份有限公司（以下简称公司）是根据新疆维吾尔自治区党委、政府的决策部署，由新疆维吾尔自治区国资委直接监管的企业——新疆新业国有资产经营（集团）有限责任公司、和田县天和国有资产投资经营管理有限责任公司、和田地区玉鑫国有资产投资经营有限责任公司、新疆新业盛融创业投资有限责任公司四家于2012年12月共同发起设立的股份有限公司。公司位于和田县罕艾日克乡巴勒玛斯村，占地面积350亩，注册资本为1亿元。公司依托和田地区丰富的核桃资源，大力发展核桃深加工产业，促进当地特色林果业深加工产业的发展。公司目前有年加工8000吨的原果核桃生产线、年加工3600吨的红枣生产线、年加工5000吨的核桃破壳生产线、年产300吨的核桃油生产线、年产20吨的休闲食品生产线、日加工150吨的核桃去青皮生产线、年生产40万吨的纯净水生产线。

二、荣誉与资质

公司多次被评为新疆维吾尔自治区农业产业化重点龙头企业。2020年，公司生产的"果之初"核桃油荣获新疆名优特农产品上海交易会产品金奖，第十一届新疆农副产品北京交易会产品金奖。2020年，公司荣获"和田地区优秀电商企业"荣誉称号。2021年"果之初"薄皮核桃荣获"新疆特色农业好产品"荣誉称号。2021年，公司被自治区评为"自治区民族团结一家亲"先进单位。2023年，"果之初"薄皮核桃荣获中国义乌国际森林产品博览会金奖。2023年，"果之初"核桃乳荣获第三届中国新疆特色林果业产品博览会金奖。公司质量管理水平与国际标准化接轨，通过了ISO9001质量管理体系、ISO22000食品安全管理体系（包括HACCP质量体系）、GB/T28001职业健康安全管理体系、GB/T19630.1有机认证体系的认证。

三、运营与管理

公司规范建立了股东会、董事会、监事会、经营层等符合中国特色现代企业制度要求的法人治理结构，并按照国有企业的要求，健全、完善了党工团等组织。目前，公司设有董事会，董事会成员5名。在董事会领导下，经理层设总经理1名，副总经理2名，财务总监1名，各司其职，机构和权职相对健全与匹配。公司根据"精干、统一、高效"的原则，设立了综合管理部、党群（纪检）工作部、财务部、市场管理部（西安前置仓）、销售部（乌市分公司）、生产车间、动力维修车间、生产技术（安全环保部）、产品研发部、审计部。公司在乌鲁木齐成立了以销售为主的乌鲁木齐分公司，在西安设置了西安前置仓。

公司将按照上市企业的要求，不断完善法人治理结构，强化管理，规范运营，不断提高盈利能力，更好地发挥国有经济在"以工促农""产业惠民"方面的积极作用，着力将公司最终打造成为具有市场竞争力和在国内具有较大影响力的特色林果业龙头企业。

四、产品与品牌建设

公司以核桃深加工产业为主导，开发了以下系列产品：原果核桃、红枣；核桃仁休闲食品、葡萄干休闲食品、巴旦木、无花果；核桃油、核桃乳、调味核桃、纯净水等。

公司计划以"1个战略目标，1个核心品牌，2大战略实施路径，4大创意表现和3项市场推广方案"的品牌营销总体思路促进未来的可持续发展，即做"新疆核桃产业领导品牌"的战略目标；打造"果之初"核心品牌；坚持贸易和终端渠道两手抓两手都要硬的战略思路，即根据企业现状，把握好长远与现实相结合——长远做产业，现实求生存；快与慢相结合——快抢消费心智，慢做市场教育两个基本原则；按照贸易立基、终端扬名，面点面、到全国，上天入地，精确指导三大操作总纲逐步推进，5年完成3大转型，即从贸易产品向终端产品转型，从核桃向核桃仁产业转型，从产业品牌向消费品牌转型。

第六节　温宿县木本粮油林场

温宿县木本粮油林场（别名核桃林场）属全民所有制国营林场，建场于1974年，全场总人口2400人，676户；全场总面积3.2万亩，经济林面积2.7万亩。

一、种植业发展概况

林场是一家集科研、试验、技术推广、生产于一体的核桃种植示范单位。1978年，林场与新疆林科院建立了长期的科研合作关系，以新疆林科院作为科技支撑单位，长期开展核桃品种的繁育推广，现全场拥有核桃品种资源21种，现有5个品种在全国各地得到大面积推广，主要有'新温185''新新2''扎343''温179''新早丰'，5个品种均有早实、丰产性强、壳薄、光滑，内褶壁退化，易取整仁、出仁率和出油率高，仁色浅味香的特点。2007年，林场在全国第五届干果生产和科学技术研讨会上获5个一等奖，经过进一步的推优选育，目前'新新2''新温185'已经成为全疆的主栽品种。这两个品种丰产性强，丰产年最高产量达540千克/亩，平均产量达350千克/亩。林场核桃生产基地2013年被国家林业局认定为"国家级核桃示范基地"，2014年，林场被国家林业局认定为"国家林业重点龙头企业"。

二、加工业发展概况

林场现有占地1.2万平方米的加工厂区1处，并先后建成了建筑面积1800平方米的保鲜库1座，建筑面积1400平方米的加工厂房1座，建筑面积1500平方米的库房1座，引进了核桃分选设备1套。为促进温宿县核桃产业发展，延伸核桃产业链，提高产品附加值，2019年林场整合资金组成立了阿克苏晟鼎油脂有限责任公司(国有控股),在温宿县温宿国家农业科技园区建成了年产能可达3000吨的二氧化碳超临界萃取核桃油生产线。直接吸纳就业人数15人以上,间接带动附近500余农户增收。

第七节　几点启示

本章介绍的南疆地区典型核桃企业,虽然企业性质、主营业务和发展阶段各不相同,但都立足于当地优质核桃资源,以带动群众增收致富、服务当地经济社会发展为己任。纵观各典型企业的发展现状和历程,可以得到以下几点启示:

一、高质量产品是企业的核心竞争力

产品质量是企业的生命线,高质量产品是企业的核心竞争力。只有通过不断提高产品质量、制定严格的产品质量标准,加大研发力度,加快技术和产品创新,才能赢得消费者认可,才能在产品品类竞争日益激烈的市场环境下立于不败之地。这要求企业一方面要有敏锐的市场嗅觉,及时了解并预测消费者的需求变化,积极开发适销对路有特色的核桃产品;另一方面,要加大科研投入,通过自主研发或者与科研院所合作研发,不断在加工工艺及产品品类方面持续创新,并不断提高技术、设备水平,以提高核桃产品品质。积极开展核桃系列产品的研发工作,以满足市场需求,通过延伸产业链条,增加核桃的附加值。

二、优秀企业文化是企业壮大的灵魂

企业文化是企业的灵魂,是凝聚员工的精神内核。在先进的企业文化感召下,企业员工精神面貌会得到显著提振,容易形成团队凝聚力,激发企业活力和向心力。同时,优秀的企业文化会增加员工的主人翁责任感,人人争做企业代言人。例如，勇于担当社会责任就是优秀企业文化的重要方面。南疆地区位置特殊，肩负着民族团结和边疆稳定的重任，新疆本土企业积极承担社会责任，把发展当地经济，团结当地群众，帮助群众增收致富作为企业初心，会更容易得到社会认可，获得良好的社会声誉和口碑，也是企业长久发展的重要立足点。

三、品牌建设是企业持久发展的原动力

品牌建设包括品牌形象的塑造和推广。不断提高品牌影响力可获得良好的市场认可度和消费者的忠诚度。品牌建设除了注重多渠道、多平台品牌宣传，采取多样化的营销策略以提高市场知名度外，仍需提高市场敏感度，抓住每一次宣传的机会，形成口碑效应。新疆核桃在市场宣传和品牌建设方面力度略显不足，相较于内地省份在核桃市场宣传和品牌建设上差距较大，在这一方面仍有待提升。

第五章

南疆核桃产业发展的
代表性产品/品牌

随着核桃产业的发展，在南疆地区的核桃生产大县，一些加工企业应运而生，形成了一批代表性的核桃产品和品牌。在中央政策和新疆林果产业政策的支持下，南疆地区的核桃加工企业焕发出新的生机和活力，其代表性产品和品牌更具影响力。在激烈的市场竞争中，南疆地区核桃产品实现"好中向优"，开拓产业发展新空间，始终是核桃加工企业共同面临的挑战。新疆立足南疆核桃资源优势，先后在和田市、叶城县、阿克苏市等地新建核桃仓储收购加工交易集配中心，通过"就地初加工+园区精深加工"模式，对核桃进行收购、加工，除了常规核桃产品外，一些新产品形态也陆续出现。本章将主要介绍南疆地区核桃产业发展中的代表性产品与品牌，以期通过探讨南疆核桃产品开发的趋势和走向，明晰促进南疆核桃产业转型升级的优化路径。

第一节　核桃坚果及仁类产品

一、核桃坚果及其产品

（一）原味核桃坚果

新疆林业和草原局林果产业发展中心数据显示，截至2022年底，新疆核桃种植面积达636万亩，产量达127.22万吨。作为核桃主要产区之一的和田地区，林果产业规模大、种类多，是有名的"核桃之乡"。2022年，和田地区林果种植面积为324.25万亩，其中核桃就有173.48万亩。新疆阿克苏地区包含新疆薄皮核桃产业集群建设项目7个产业优势区中的4个县（市）。阿克苏的核桃种植面积大、品种丰富、果仁饱满、口感香甜、营养丰富，在市场上深受消费者喜爱。阿克苏温宿县出产的薄皮核桃'温185'，被授予"中华名果"称号，是中国特色标志产品。它个儿大、壳薄，一捏就碎，果仁大而饱满，在外观品质和营养品质上具有很大的优势。数据表明，2022年，阿克苏地区核桃种植面积达248.98万亩，年产量超59.98万吨，"十城百店"工程共销售阿克苏地区各类农副产品17

图5-1 新疆'温185'纸皮核桃

万吨,销售额突破16亿元。在海关辖区企业共出口7400多吨核桃、核桃仁至哈萨克斯坦、吉尔吉斯斯坦、摩洛哥、土耳其等国家,深受国际市场青睐。

(二)风味核桃坚果

带壳的坚果不仅能够最大限度地减少果肉与空气的接触,减少氧化,而且还可以尽可能地保持产品营养,但是,核桃壳坚硬,食用时并不方便。新疆纸皮核桃,皮薄、肉满、油多、香香脆脆、无涩味,蛋白质含量高,核桃外壳一捏就碎,深受消费者喜爱。除无糖无盐不含任何添加剂的原味核桃外,将核桃与各种香辛料混合炒制,便得到了风味核桃。

1. 秋益浓椒盐核桃

新疆的秋益浓椒盐核桃果形圆润饱满,裂纹明显,手剥轻松,经过简单调味,在保持果仁原香的同时,加工过程中加入调味料烘烤炒制,因此带有清新奶油香味,肉质细腻,酥脆爽口,越嚼越香,入口香酥四溢、微带甜味,有着浓浓核桃仁香,深受消费者的喜爱。

图5-2 椒盐核桃

2. "老街口"奶香烤核桃

"老街口"奶香烤核桃挑选的是阿克苏薄皮核桃,稍稍用力即可剥开,果仁饱满完整、酥脆,不苦涩,口味香浓,壳薄果肉厚实,入口香脆,浓浓的奶香在嘴里弥漫。

风味核桃品牌众多,口味深受消费者喜爱,具有巨大的销售市场。

图5-3 奶香烤核桃

二、核桃仁及其产品

（一）原味核桃仁

1. 核桃仁

核桃果仁中含有15%的蛋白质，含有人体必需的氨基酸7种以上且含量高达25%以上，还含有人体所需的22种微量元素，其中钙、镁、磷、锌、铁含量十分丰富。据分析，每公斤核桃仁相当于9公斤鲜牛奶或5公斤鸡蛋、2公斤牛肉的营养价值，而且它较牛奶、鸡蛋、牛肉的营养成分更易为人体所吸收。数据显示，2022年我国核桃及核桃产品出口中未去壳核桃（干核桃）8.42万吨，出口

图5-4　原味核桃仁

量较2021年下降19.3%，占比64.3%；去壳核桃（核桃仁）出口4.45万吨，较2021年下降10.9%，占比34.0%；核桃仁罐头出口量仅为2355吨，占比1.7%，较2021年出口呈增长趋势。核桃及核桃产品出口呈下降趋势，而新冠疫情对核桃仁出口影响小于带壳核桃出口。

在2022年我国核桃及核桃产品的出口国家中，阿联酋数量最大，达到4.2万吨，占总出口量的32.29%，其次是吉尔吉斯斯坦，占比19.58%，中亚、中东及俄罗斯是我国核桃及核桃产品主要出口目的地。核桃产品的出口地区中，新疆的出口量最大，达到4.3万吨，占比33.59%，其次是山东省，占比25.11%，云南省核桃产量虽然大，但出口量较小，主要与国内核桃出口目的地有关。相比出口，我国核桃产品的进口量呈逐年下降趋势，干核桃进口量从2010—2013年平均1.5万吨持续回落，2022年进口量仅为4045吨，核桃仁进口也从2014年的最高7230吨持续回落，2022年进口量不足200吨。核桃仁进口量锐减，出口量提升，充分说明了国内企业普遍已接受国内加工核桃仁产品，同时国内核桃仁产品也得到国际市场普遍认可。

2.混装核桃仁

《2022坚果行业洞察》报告数据显示，43%的消费者关注产地，38%的消费者关注坚果颗粒的完整度，30%的消费者关注坚果颗粒的大小。特大、特级搜索较多，仅次于品质。天猫新品创新中心数据显示，有61%的消费者表示在购买坚果时，会关注坚果的健康程度，"无添加"是消费者最关注的因素，"颗粒大小"和"产地"是消费者判断坚果品质的

图5-5 混装核桃仁

重要指标。坚果的种类比较多，比如核桃、开心果、杏仁、西瓜子、葵花子、南瓜子、榛子等。将多种坚果仁经过科学配比混合在一起，便得到了混装坚果仁，这种商品形式不仅可以满足人体营养所需，还可以避免一次性摄入过多导致肠胃不适，因此受到消费者的欢迎与喜爱。

目前，我国混合坚果行业以混合"果仁+果干"成小袋装的产品为主，也可以说以每日坚果为代表的系列产品为主。根据前瞻产业研究院的调研，2015—2021年我国混合坚果行业市场规模整体保持快速增长态势，2020年我国混合坚果行业市场规模约为99亿元，同比增长21%；2021年我国混合坚果行业市场规模约为115亿元，同比增长16%。

2015年，创立于山东的沃隆团队发现坚果市场发展新趋势，率先推出"每日坚果"创新产品，开创了坚果市场的新纪元。2017年，每日坚果系列网络销量第一，并获得金麦品质大奖。在新疆本土企业中，喀什疆果果农业科技有限公司扎根于南疆喀什地区，把握着"新疆产地"和"原料品质"，主营新疆高品质坚果，公司品牌"疆果果"是集坚果种植、生产、加工、批发、零售、服务于一体的专业中高端坚果品牌。"疆果果"生产的每日坚果除了传统的"果真混的好"含有新疆若羌县的红枣片，北美的蔓越莓干，新疆叶城县的核桃，新疆吐鲁番的葡萄干，新疆喀什的甜杏，新疆莎车县的巴旦木，还推出了创新品牌"益生菌每日坚果"，在坚果的基础上添加了益生菌，一经推出，大受好评。

3. 脱衣核桃仁

图5-6　脱衣核桃仁

核桃仁外有一层呈深浅不一的淡黄色、黄色或褐色薄皮，称为核桃内种皮。核桃内种皮含有大量的酚类物质，尤其是能沉淀蛋白质、生物碱的水溶性单宁成分，会极大地影响核桃加工制品的风味，它可与唾液蛋白质结合，使舌头上皮组织细胞收缩，引起令人不悦的收敛感和干燥感，使核桃制品产生苦涩味口感，大多数消费者并不喜欢带有种皮的核桃产品。山西一果食品有限公司建设了国内第一条大型核桃仁物理去衣生产线，年加工去衣核桃仁1万吨，目前，该公司创建的品牌"北纬四时"脱衣核桃仁具有25克、100克、175克规格，深受消费者的喜爱。位于阿克苏市的浙疆果业有限公司，是一家致力于核桃标准化生产的农产品深加工企业，由杭州市援疆指挥部招商引资而来，该公司生产的脱衣核桃仁，采取一边剥核桃壳一边脱核桃内种皮的方法，通过采用国内领先的生产技术及设备，使用高压射流技术，超声波清洗、多光谱色选等物理脱衣方式，保证了脱衣核桃仁的口感和新鲜度，使成品残衣率控制在2.5%以下。

（二）风味核桃仁

在南疆众多的核桃产品中，风味核桃仁因其口味极佳，营养丰富，食用方便备受企业与消费者喜爱。核桃仁富含不饱和脂肪酸、优质蛋白、钙、磷、铁等矿物质及多种抗氧化组分，还含有多种人体需要的微量元素，具有顺气补血、止咳化痰、润肺补肾等功能。但核桃仁种皮由于富含多酚物质，会影响口感，产生轻微苦涩味。为了改善核桃仁种皮带来的轻微苦涩味，企业通常利用调料对核桃仁进行加工，制备成风味核桃仁。

市场上销售较多的风味核桃仁大致有三种风味：原味、甜味、咸味。原味，为不经过处理的核桃仁；甜味，以琥珀核桃仁为代表；咸味，以椒盐核桃仁为多。核桃仁脱衣后裹上花椒粉、番茄粉，可以制成椒盐核桃仁和番茄核桃仁。蔓越莓核桃仁、蜂蜜核桃仁等都是市面上新兴的产品。新疆轻工职业技术学院食品工程系与新疆和田玉核食品有限公司合作，研究开发了适合和田薄皮核桃的4项产品（椒盐核桃仁、琥珀核桃仁、奶油核桃仁和五香核桃仁），无论是在色、香、味，还是在营养、保健方面都比较理想。风味核桃仁的加工模式简单，核桃营养损失较小，能够满足消费者营养需求

图5-7 风味核桃仁

的同时，在口感上也深受大家的喜爱，因此在多个企业中属于基础产品。核桃仁品牌众多，姚生记是其中的元老级品牌，该企业成立于1998年，是浙江老字号品牌，推出的原香味山核桃仁、奶香味山核桃仁都是经典品牌。喀什地区的"疆果果"，推出了咖喱味核桃仁、藤椒味核桃仁、酸奶益生菌核桃仁、榴梿味核桃仁等多品类调味核桃仁，深受消费者喜爱。

（三）核桃仁创新产品

核桃仁是核桃类坚果的主要食用部分，其营养成分的组成及有效利用是前人研究的重点。数据显示，中国年均核桃仁消费量高达35.79万吨，位列全球第一，约是全球第二大核桃仁消费国美国年均消费量（14.38万吨）的2.5倍，较"美国、法国、德国、日本、土耳其、乌克兰、伊朗、西班牙、意大利"九大核桃消费国年均核桃仁消费总量（28.35万吨）高出7.44万吨。

首先，在健康食品领域，核桃仁应用场景最为广泛，各种基于核桃的食品，包括用以模拟碎牛肉的口感，或是满足风味和质地要求的零食棒，也可以提供整体食品益处。比如，在陕西商洛的大秦牛伯伯品牌，针对核桃推出了多款创新产品，除龙头产品为核桃酱外，该企业还与陕西海源生态农业有限公司合作，成功研发出抗氧化有机核桃油，陆续推出了"老树核桃油""核桃酱擀面皮""蜜汁核桃仁"等系列产品。

尼尔森的一项研究发现，45%的全球受访者认为含有全天然成分的零食非常重要。在国外市场，新推出的口味丰富的核桃系列产品有多种，包括热蜂蜜、照烧和芥末、咸黑巧克力、甜枫、喜马拉雅粉盐、辣椒酸橙、山核桃烟熏培

图5-8　蜂蜜核桃仁

根和肉桂酱。另外，可提供全天候零食并含有植物成分的零食棒正受到消费者的欢迎。消费者青睐零食棒有多种原因，例如它可以作为餐间零食、代餐食品、能量补充剂等。核桃仁零食棒有望通过单一的整体成分来提供所需要的口味、质地和营养特性，从而获得竞争优势。

其次，在饮品领域，"六个核桃"的核桃奶已经成为许多人的健康选择，而且因核桃仁的香味也被用于制作各种茶饮和咖啡，提供独特的口感。

另外，随着科技创新的推动，核桃仁的消费和应用不只局限于食品，在美容领域的应用也开始受到关注。核桃仁可提供丰富的抗氧化物质和ω-3脂肪酸，提取物和核桃油可被广泛应用于各类护肤品中，发挥抗氧化保护、保湿和抗炎作用。

第二节　核桃油产品

一、南疆核桃油脂肪酸组成特性

核桃油是一种营养价值特别高的食用油，核桃油中人体必需的脂肪酸含量高达70%以上，特别是α-亚麻酸含量远高于花生油、玉米油等常用植物油。在对南疆25个核桃品种（系）的脂肪酸含量和组成分析中，发现南疆核桃种仁油脂含量高，25个样品（系）种仁油脂平均含量为52.64%，最高可达67.47%；核桃油以不饱和脂肪酸为主要成分，平均约占脂肪酸总含量的80.39%。在不饱和脂肪酸中，首先亚油酸含量最高，平均占脂肪酸总量的63.77%，其次是油酸、亚麻酸。有些发达国家已明确规定，用于膳食的油脂标准应为饱和脂肪酸含量小于7.1%。在前述南疆三个地区的25个核桃样中24个样品饱和脂肪酸含量低于上述标准。另外，对于和田、阿克苏、喀什三个主产区的核桃，其油脂含量、不饱和脂肪酸含量均无显著差异。

此外，新疆的核桃育种工作者也在积极培育更适宜榨油的油用核桃品种。2023年，部省联动国家重点研发计划"新疆核桃等特色油料作物产业关键技术研发与应用"项目在阿克苏市正式启动，项目目标之一便是解决新疆油用核桃品种不足、栽培技术不完善等产业技术瓶颈，筛选和优化配置油用核桃加工良种。

二、南疆核桃油生产工艺

目前，核桃油的提取方式主要包括压榨法，有机溶剂萃取，超临界提取和亚临界提取。不同的提取方法对获得的油脂品质有重要影响。以南疆阿克苏地区主要核桃品种'温185'为试材，采用不同提取方式制油，发现采用CO_2超临界萃取制得的核桃油产率最高，为62.72%；同时，CO_2超临界萃取核桃油中微量营养素（生育酚，植物固醇和黄酮等）也比压榨核桃油高约1.05倍，比亚临界丁烷萃取核桃油高1.21倍。生育酚、黄酮等是植物油中的天然抗氧化组分，因此，CO_2超临界萃取核桃油具有更高的稳定性。目前，南疆核桃油企业中，阿克苏晟鼎油脂有限责任公司已建成年生产能力达3000吨核桃油超临界萃取生产线并开始全面生产。

此外，针对南疆核桃油风味品质的改良工作也在持续开展中。对于'温185'核桃而言，120℃下烘烤20min，压榨核桃油中不饱和脂肪酸（油酸和亚油酸）含量有所增加，且与核桃油香气有关的醛类物质，如（E）–2–庚烯醛、（E）–2–戊烯醛和己烯醛等的含量也有所升高。相关技术的应用将进一步提升南疆核桃油的市场竞争力。

三、南疆核桃油代表性企业与产品

（一）喀什光华现代农业有限公司

喀什光华现代农业有限公司连续4年获批成为科技型中小企业，于2022年获批成为国家高新技术企业，2023年获批自治区创新型企业、"专精特新"

企业。公司成立之初，进口了一整套加工核桃油、核桃粉的生产线，尽管是当时国际领先的设备，但使用并不顺畅，遇到维修、维护等难题，还要指望外国专家。为此，公司开始自主研发。通过疆内外高校和科研单位的深入合作，不断开展工艺和产品创新，最终设计出国内第一条规模化研磨法低温核桃油、核桃粉、核桃酱联产生产线。该生产线处于国内领先地位，核桃总体利用率提高至92%，核桃油价格从每吨6.5万元降至每吨3万元，并且有望进一步降低，大幅降低了核桃油生产成本和销售价格。同时，公司还进一步进行核桃油、核桃蛋白多用途研发工作，开发了具有益智、降尿酸功能的核桃多肽，具有降低血脂功能的核桃甘油二酯油，以及3.0%蛋白含量的核桃乳饮料，逐步扩充核桃加工产品。喀什光华现代农业有限公司主持并参与《初榨核桃油地方标准草案》的制定，还作为牵头单位，联合华南理工大学、新疆农业大学起草《核桃甘油二酯》《核桃蛋白肽》《核桃植物乳》团体标准，目前已进入送审阶段。从2023年起，喀什光华现代农业有限公司承担新疆重大科技专项"新疆核桃油精深加工关键技术研究"。

（二）阿克苏晟鼎油脂有限责任公司

阿克苏晟鼎油脂有限责任公司由温宿县宝圆果业有限责任公司、温宿县启德油脂有限责任公司、阿克苏汇合源农业发展有限公司于2020年1月组建。公司主营业务核桃油加工是由温宿县启德油脂有限责任公司（以下简称启德油脂）的业务发展而来。阿克苏地区核桃油加工原料充足，核桃油加工不仅可以为农民增收开辟一条新路，还能为油脂加工企业扩大生产、提高效益拓展空间。2010年起，启德油脂开始探索核桃油加工，2012年，核桃油加工初步完成，由于生产成本高达120元/公斤，售价达200元/公斤，后以小规模、小包装生产方式向疆外销售，年生产规模300余吨。2020年，该公司投资1800万元，建成3000吨核桃超临界萃取榨油生产线。生产线引自沈阳，核心技术是通过二氧化碳超临界萃取核桃油，每年可消耗核桃1.5万吨，年产核桃油3000吨。2022年，公司还启动了核桃油生产加工设备提升改造项目，对全自动破壳取仁机、核桃X光分选机、核桃仁色选机、全自动液压榨油机、酱制品生产线、酱制品全自动灌装线装备进行改造升级。

（三）新疆和田果之初食品股份有限公司

新疆和田果之初食品股份有限公司成立于2012年12月，是自治区级农业产业化重点龙头企业，拥有7条先进的生产线。公司不断加强自主研发能力与创新能力，引进先进的生产设备和杀菌技术，不断优化升级工艺，充分保留产品的天然营养和香味，生产出来的核桃仁休闲食品、核桃油、核桃乳等40余款产品深受疆内外消费者青睐。果之初食品股份有限公司依托和田地区丰富的核桃资源，每年从和田县、墨玉县、于田县等地收购核桃、红枣等农产品，不仅带动了6000余户近3万人增收，同时还解决了周边近百名群众的就业问题，助力地区持续巩固拓展脱贫攻坚成果，助推乡村振兴。

第三节　核桃蛋白产品

一、核桃蛋白饮品

核桃蛋白是优质植物蛋白，约占核桃仁的15%。核桃蛋白饮品是一种以核桃蛋白为主要原料，经过精细加工而成的健康饮品。近年来，随着人们对健康饮食的关注度不断提高，核桃蛋白饮品的市场需求也在逐步增加。

核桃仁富含蛋白质、脂肪、纤维、维生素和矿物质等多种营养成分，其中蛋白质含量尤为突出。通过特定加工工艺，这些营养成分得以有效保留并溶解在饮品中，为消费者提供了一种方便、快捷且营养丰富的饮品选择。核桃仁中的蛋白质、脂肪和纤维等成分有助于降低胆固醇、保护心血管健康。这些功能活性使得核桃蛋白饮品成为一种适合各个年龄段人群的健康饮品。南疆地区生产核桃蛋白饮品的企业目前相对较多，以叶城县新疆美嘉食品饮料有限公司、新疆雪山果园食品有限公司、新疆西域春乳业有限责任公司为主要代表，产品以植物蛋白乳、混合植物蛋白饮品以及花生核桃乳等为主，产品品质好，深受消费者喜爱。

（一）核桃乳

核桃乳是以核桃仁为主要原料制成的植物蛋白饮料，具有浓郁的核桃香气和独特的口感，富含优质蛋白质、不饱和脂肪酸、膳食纤维、维生素和矿物质等多种营养成分，深受消费者青睐。传统的核桃乳由核桃仁经浸泡、磨浆、过滤、均质、杀菌后制成，核桃乳含有丰富的蛋白质、维生素B以及多种微量元素，与其他饮料相比，核桃乳对钙、铁吸收不良者有较好的食疗效果，对婴幼儿、青少年、老年人尤为适用。

南疆地区生产核桃乳产品的企业相对较多，以新疆美嘉食品饮料有限公司为例：该公司是叶城县2012年7月招商引资的一家农业产业化重点企业，集多种系列食品及饮料、农副产品研发、生产、销售于一体，核桃乳产品是该公司的主要产品之一。该公司依托叶城县60万亩核桃资源，以核桃精深加工为主，生产、销售植物蛋白饮料等系列产品，公司目前拥有利乐饮料生产线2条，易拉罐饮料生产线2条，PE瓶装饮料生产线1条，年产植物蛋白饮料15000吨。公司推出的核桃乳产品，具有浓郁的核桃香气和独特的口感，采用先进的生产工艺和严格的质量控制，确保产品的品质，适合各年龄段人群饮用。此外，新疆雪山果园食品有限公司的智慧核桃乳蛋白饮料，也是以核桃蛋白为主要成分的植物蛋白饮品，"雪山果园"经过5年的市场运作，在行业内有了一定的知名度，通过与疆内外多家设计公司合作，产品更迭速度快，能更快响应市场。公司和疆内外三百多家经销商合作，销往全国31个省（自治区、直辖市）。

图5-9　新疆美嘉核桃乳复合植物蛋白饮料

（二）混合植物蛋白饮品

近年来，植物蛋白饮料在市场上越来越畅销，产品也越来越多。基于核桃乳丰富的营养价值和良好的口感，以及新疆南疆地区特色农产品的丰富资源，比如鹰嘴豆、花生、杏仁、巴旦木等，混合植物蛋白饮品种类越来越多，也深受消费者喜爱。新疆雪山果园食品有限公司生产的鹰嘴豆核桃植物蛋白饮料就是一款典型的混合植物蛋白饮品。产品中的鹰嘴豆是地中海、中东、印度菜系的主要成分，其营养成分全面，含碳水化合物63.5%，蛋白质23.0%，脂肪5.3%，还含有丰富的食用纤维、微量元素和维生素。鹰嘴豆淀粉具

图5-10　新疆雪山果园食品有限公司生产的鹰嘴豆南瓜豆浆

有板栗香味，鹰嘴豆粉与核桃蛋白混合制成植物蛋白饮料，增加了核桃蛋白饮品的新品类，满足了消费者对创新产品的需求。此外，核桃花生乳也是混合植物蛋白饮品中重要的代表产品之一，以新疆西域春乳业有限责任公司和新疆石河子花园乳业有限公司生产的核桃花生乳为代表。

二、核桃蛋白肽产品

核桃蛋白肽产品是一种以核桃蛋白为原料，经过生物酶解技术制得的高纯度、高活性的蛋白肽产品，具有抗氧化、降血压、降血糖、抗炎、抗疲劳等多种功能活性，可以提高人体免疫力、延缓衰老。核桃蛋白质被分解成较低分子量的肽，更易被人体吸收和利用，广泛应用于食品、保健品、化妆品等多个领域。在食品领域，核桃蛋白肽可以作为天然增味剂、营养强化剂；在保健品领域，核桃蛋白肽可以作为功能性成分，帮助改善人体健康；在化妆品领域，核桃蛋白肽可以作为保湿剂、抗衰老成分等，帮助改善肌肤状态。

目前，核桃蛋白肽的生产企业数量较少，新疆主要以人民国肽集团在伊犁生产的核桃肽为代表产品。人民国肽集团是一家以生物活性肽营养食品、功能性食品、特殊医学用途食品和多肽类蛋白药物研发生产为主业的综合性公司。

该公司采用新一代全生物酶解技术，生产的核桃肽产品分子量小、易吸收、纯度高。公司精选优质核桃原料、采用专业化生产线，充分发挥自身科研优势，将专利成果进行转化，其核桃肽产品在食品、医药、化妆品等领域应用广泛。喀什地区的新疆美嘉食品饮料有限公司已建成产能5000吨多种核桃蛋白、蛋白肽提取制备联用生产线，项目产品主要包括核桃毛油、水解核桃蛋白、浓缩核桃蛋白（浓香型、高蛋白型）、核桃蛋白肽、饲料用核桃蛋白，并建成2000吨GMP功能性食品生产车间，可用于核桃蛋白肽产品的生产。

三、核桃蛋白相关的其他产品

（一）核桃纯粉

核桃纯粉以核桃榨油后剩余的核桃粕为原料，经脱油、乳化、均质、干燥等工艺制备而成，其成品蛋白含量高、脂肪含量低，冲调性和稳定性较好。新疆大智慧核桃食品有限公司是以生产核桃粉为主的企业。该公司选用南疆地区的优质核桃作为原料，致

图5-11　原味核桃粉

力于生产高品质、营养丰富的核桃粉产品，通过技术创新和研发，不断提升产品品质和口感。

图5-12　核桃黑芝麻复合粉

（二）核桃复合粉

基于核桃粉丰富的营养价值和良好的口感，以及新疆丰富的鹰嘴豆、花生、葵花、杏仁、巴旦木等特色资源，以核桃为主要原料开发核桃复合粉，为食品企业产品开发提供了新思路。例如，新疆西域皇后食品有限公司开发的黑芝麻核桃桑葚粉是一款结合了

黑芝麻、核桃和桑葚等天然原料的营养食品。黑芝麻、核桃和桑葚都富含不饱和脂肪酸、蛋白质、维生素和矿物质等营养成分，在传统中医理论中被认为具有滋补养生、益智健脑、黑发养颜的功效。公司采用低温烘焙、精细研磨等科学的生产工艺，以保留食材的营养成分并改善产品的口感，产品在市场上受到关注和欢迎。

（三）核桃酸奶

核桃酸奶是以核桃蛋白为原料发酵制得的植物基酸奶，不仅保留了核桃的丰富营养，还具有酸奶的益生菌作用，有助于改善肠道健康、增强免疫力等。目前，核桃酸奶在市场上的产品尚不多见，产品的口感、风味等感官品质是决定其受欢迎程度的重要因

图5-13　核桃酸奶

素。新疆牧民人家公司生产的核桃酸奶是在酸奶中添加核桃仁，与核桃蛋白基酸奶工艺不同，该产品以新疆优质的核桃仁为原料，通过科学的工艺配方，保留了核桃的营养成分，同时融合了酸奶的益生菌和活性乳酸菌，具有浓郁的核桃香气和酸奶的细腻口感。随着人们健康饮食观念不断深化，核桃酸奶具有较好的市场前景。

第五节　核桃加工剩余物再利用产品

一、核桃青皮再利用产品

核桃青皮中含有丰富的多酚类和黄酮类化合物，具有显著的抗炎和抗氧化作用，同时在医药和食品领域也有广泛的应用前景。基于目前对核桃青皮成分及功能性研究的深入，采用核桃青皮为原料，开发新型功能食品、药物和高附加值产品，可促进农业产业的可持续发展，同时为人类健康和环境保护作出更

图5-14　核桃青皮

大贡献。

新疆宝隆化工新材料有限公司在核桃青皮产品研究和开发方面做了大量的工作，同时也对核桃壳、核桃分心木做了相应的产品开发。该企业是上海援疆企业，在新疆喀什地区的叶城县主要从事利用核桃青皮制成单宁酸的研发和生产，通过物理技术从核桃青皮中提取单宁酸，单宁酸可用于大衣、牛仔裤、皮革等服装类的绿色染料。服装企业购入单宁酸后进行再加工，便可以用于服装染色，比起传统的化工染料，绿色无毒的单宁酸在价格上占有优势，在江浙一带深受服装企业的欢迎。自2017年开始，该企业从叶城县核桃种植户那里以每公斤1元的价格收购核桃青皮，共收购了7000吨，制成单宁酸。该企业将核桃青皮变废为宝，不仅能带动核桃种植户卖核皮，还解决了叶城县柯克亚乡、依提木孔乡等周边乡村的230人就业。目前，叶城县核桃精深加工已初具规模，实现了核桃从青皮到壳，再到仁的全利用。

二、核桃壳再利用产品

核桃壳具有消肿止痛、固肾补气、治疗腰酸腿疼等作用与功效。我们还可以将其制成活性炭加以利用。核桃壳作为核桃的副产品之一，是一种加工废弃物，往往被当作废弃物处理。随着核桃产量、产品的逐年增加，核桃壳产量也随之增加，核桃壳的综合加工和利用也开始被人们重视。核桃壳固定碳含量高、灰分低，非常适合制备活性炭。新疆宝隆化工新材料有限公司、新疆

图5-15　核桃壳活性炭

天下福生物科技有限公司以及新疆喀什地区泽普县赛力乡有限公司，是目前新疆地区对核桃副产物核桃壳进行收购、加工的主要企业。新疆喀什地区泽普县赛力乡有限公司产业园于2021年10月底建成并投入使用，立足全县34万亩核桃，围绕核桃木、花、壳、仁等开展加工，既有枣夹核桃、琥珀核桃等初级加工，也有核桃壳活性炭、核桃面膜、核桃油等精深加工。由于各企业需要的核桃部位不同，各取所需后将其他部分在园区内循环销售，实现了利用最大化。

三、核桃分心木再利用产品

核桃分心木是核桃内部弯曲的薄片状的木质隔膜，质地脆、易碎，通常占核桃总质量的5%左右，是新疆传统维吾尔族药物之一，一般用于清热利尿，健脾固肾，治疗遗精。现在的人们常将分心木用热水泡或者煎服，治疗肾虚遗精等。长期喝分心木水泡物，不仅可

图5-16 核桃分心木茶

以改善老年人的腰酸腿疼和睡眠质量，还能提高身体免疫力。核桃分心木中含有丰富的活性成分，包括油脂、酚类、挥发油、黄酮、鞣质、生物碱、有机酸、皂苷、糖类、多肽、氨基酸和其他化合物。大量研究结果表明，分心木中有丰富的黄酮类物质。它不仅可以清除人体内游离自由基，还可以抑制各种自由基的产生，从而在延缓衰老、预防心脑血管疾病和癌症等方面有一定功效。目前，分心木产品类型以烘烤整形分心木茶为主。产品主要是修整好的分心木原料，并对其进行一定程度的烘烤，以改善其口感和色泽以及香气。新疆天下福生物科技有限公司是一家生产核桃分心木系列产品的公司，公司位于阿克苏地区温宿县托乎拉乡，从核桃青皮到核桃壳、核桃仁，再到核桃分心木，温宿核桃的"变"表现在对每一个核桃的吃干榨尽中。

第六章

南疆核桃产业发展
效益评价

南疆地区核桃产量约占全疆核桃产量的95%，核桃产业已成为当地农民增收致富的支柱产业，部分县（市）核桃产业所创造的经济收入占农民全年经济收入的40%以上。除了经济效益，社会效益也是衡量产业发展水平的重要标准。对南疆核桃产业发展效益进行全面评价，有利于科学评估南疆核桃产业对当地经济社会带来的深刻影响，为政府制定相关政策、推动产业转型升级提供依据和参考。本章主要关注南疆核桃产业发展的多个方面的效益，将分析和评价南疆核桃产业对引领行业发展、带动区域经济发展、促进农民就业增收和科技进步方面的效益和作用，为瞄准产业发展方向、加速产业转型升级、制定相关政策提供依据和参考。

第一节　行业发展引领

一、核桃种植业

南疆核桃产业发展对我国核桃种植业发展起到引领作用。南疆核桃在良种化方面走在全国前列，独特的地理条件促成果园式栽培模式大力发展，科研机构和企业不断研究推广核桃栽培新技术、新装备，有效推动了南疆核桃种植水平的提升。南疆地区仅用全国5%的面积，生产了全国22%的核桃产量，足以彰显南疆核桃产业在核桃种植业发展中独树一帜的引领作用。

（一）核桃品种良种化

核桃品种良种化对于生产高品质核桃，实现核桃商品化，打造核桃产品品牌至关重要。作为全国最先推行核桃品种良种化和良种化率最高的区域，南疆地区发挥资源和品种优势，大力推动良种化进程，良种率达到80%以上，形成以良种'温185'＋'新新2'、'扎343'＋'新丰'为代表的两套主栽配套品种。两套主栽体系均属于早实核桃，进入发育成熟期早且具有很强的连续结实能力，早实丰产，使得种植园能够尽早获得收益。'温185'+'新新2'小冠丰产，被认为适合于园式集约化栽培，盛果期亩产可达到250—500公斤；'扎343'+'新丰'树势较强，树冠较大，被认为适合于林农间作栽培，盛果期亩产可超过200公斤。较高的良种化率为生产高品质的商品核桃提供了品种保障，南疆地区已发展成为我国重要的商品核桃生产基地。

以阿克苏地区为例，阿克苏地区的良种化率和单位面积产量均居全国第一，截至2022年底，阿克苏地区核桃面积248.98万亩，核桃产量59.98万吨，面积和产量均高于全疆平均水平。其中，阿克苏地区的温宿县核桃产业在良种率、单产、品质、市场占有率等方面优势明显。例如，温宿县推进高接优换技术，采取大树多头芽接方法，完成核桃大树改接万余株，改造后良种使用率高达95%以上。在狠抓示范体系建设、强化科技支撑等背景下，温宿县强推'温185'和'新新2'两个主要品种，市场占有率有了显著提高。2016—2023年，温宿县核桃种植面积、挂果面积、年产量均稳步提高，呈现出良好发展态势。

喀什地区同样注重核桃良种化水平，目前，主要栽培品种有'温185''新丰''扎343''新新2'，栽培面积分别为60.06万亩、45.56万亩、39.17万亩、19.51万亩。喀什地区成立了叶城核桃产业研究院，从良种苗木繁育、标准化生产管理、采收、加工、销售等环节以叶城县为标准，统一使用"叶城核桃"区域公用品牌。良种化水平的提高，为加快构建区域公共商标+企业商标+绿色有机食品的品牌格局奠定了坚实基础。目前，喀什地区叶城县依托科研院所，已建成核桃提质增效示范园累计12万亩，建成地县级核桃丰产示范园9个，实施品种嫁接改优，累计改接核桃150万株，使良种覆盖率达95%以上。叶城县还建立了核桃种质资源圃，汇集保存核桃优异种质资源200余份，通过种质资源性状的长期定位观测，开展种质创新和新品种选育工作，为叶城核桃产业后续发展奠定了基础。

（二）核桃栽培模式

南疆核桃主产区与云南、山西、陕西等地核桃种植在山区丘陵地区不同，种植区域主要在绿洲内部立地条件较好的农田内，种植集中连片，非常适合进行机械化作业。南疆核桃多以集约建园模式种植，具有土壤条件好、灌溉有保障、防护林完备、交通管理便利等诸多有利因素。南疆核桃的果园式栽培模式利于集约化管理和机械化作业。如在阿克苏、和田等地，部分核桃种植合作已采用拖拉机带动的震摇式设备将核桃快速震摇落地，再利用地面平整的优势，采用小型核桃捡拾设备大大提高了核桃采收效率，降低了用工成本。针对南疆地区核桃种植密度过大，树冠逐渐郁闭影响产能的情况，各地积极采取措施对果园进行疏密改造，为我国核桃种植园改造进行了初步尝试，起到了一定的引领作用。如温宿县采用"疏密间伐、控高降冠、标准修剪"举措，完成核桃园改造，实现了产量、品质的双提高；乌什县通过间挖大树移栽、间伐等方式对核桃园进行疏密改造，已完成疏密改造4万余亩，实现了生产效率和效益的提升。另外，南疆地区核桃种植多采用与粮食作物、经济作物等间作栽培的模式，在栽培技术探索和应用方面开展了大量有益的尝试。

（三）科技推动种植水平

南疆地区注重科技在核桃品种化和种植管理方面的推广和应用。新疆林业科学院、新疆农业科学院、新疆农业大学一批科研院校积极开展品种选育、栽培技术领域的科研工作，为南疆地区在种植业领域发挥引领作用提供了科技支撑作用。如目前南疆地区主栽品种'温185''新新2''扎343'等均由新疆林科院选育，'温185'等品种被陆续引种到内地省份，一批品质良好的优系被认定，推动了我国核桃产业良种化进程。在栽培技术方面，新疆林科院研发并建立核桃大树移栽建园技术体系，核桃移植成活率可达到80%以上；针对核桃传统种植区域，研究核桃与农作物间作技术，利用不同生态位的核桃与农作物混合间作，构架核桃农林复合系统，研究不同间作模式的差异变化，提出成龄核桃树与高秆农作物的最适宜间作时间，推广林棉间作、林油（油菜）间作、林麦间作、林菜间作、疏密降高等核桃提质增效关键技术；采用核桃栽培株行距以5米×6米、6米×8米等模式，研究推广核桃机械化综合技术体系，推行机械化耕作、机械建园、开沟施肥、有害生物综合防治、冷冻害机械化治理及一园多功能作业平台、圆盘式剪枝机、林果枝粉碎机、果树振动采收机等技术联合，实现核桃生产机械化。阿克苏林业技术推广服务中心开发了干旱区域盐漠土核桃困难立地栽植关键技术，实现了高效建园。新疆地区科研院所和高校还开展了大量与核桃种植有关的基础科学研究，为南疆核桃产业在种植业领域的引领作用提供了理论和技术支撑。

二、核桃加工业

南疆地区积极探索核桃加工新技术，开发核桃新产品。凭借高品质核桃原料优势，南疆地区核桃产品及其加工品在国内有较大影响力和较高的市场占有率。如阿克苏地区主栽品种为'温185''新新2'，其产品构成分别是70%用于核桃干果销售、20%用于核桃仁加工、2.5%用于鲜果销售、7.5%用于核桃炒货；喀什地区主栽品种有'扎343''新丰'等品种，其产品构成分别是60%用于核桃干果销售、35%用于核桃仁、1%用于鲜果销售、4%用于核桃炒货、核桃油、核桃乳等；和田地区主栽品种为'新丰''扎343'等品种，其产品构成分别是20%用于核桃干果、70%用于核桃仁加工、1%用于鲜果销售、9%用于核桃炒货、核桃油、乳等加工食品销售。

当地核桃企业注重科研投入，在技术、设备研发等方面不断创新，对我国核桃加工业发展起到引领作用。如浙疆果业有限公司基于智能化制造，集成高压射流、超声波、色选等技术，开展核桃仁去皮与去残、核桃破壳、低温杀青去涩烘烤工艺等综合性研究，在行业内提出以减缓核桃仁蛋白质衰变为核心的加工工艺及智能装备制造，为核桃食品加工制造提供了有益借鉴。新疆和田果业有限公司协同有关科研单位开展科技攻关，首次提出核桃加工专用品种筛选与品质评价技术体系构建，确定了仁用加工适宜性的关键特性指标，筛选出适宜仁用加工的'温185'等核桃品种2个，建立了核桃仁用加工品质评价技术，为核桃精深加工产业发展提供了理论和技术支撑。

三、核桃市场销售

新疆是我国重要的商品核桃生产基地，高品质核桃销售出去才能为核桃从业者带来实实在在的收益。以和田地区为例，和田地区以已建成的4个物流配送中心、8个运营中心、27个保鲜库、45个销售店、9个县级供销社、68个乡镇供销社、884个农村商务网点为基础，从政策和项目资金上进行扶持，加快农产品收购、销售"两张网"和"线上销售+线下销售"两张网建设，实现线上线下相结合的全渠道经营模式，建成现代化营销网络与物流模式，并深化与京东、淘宝等电商合作，形成有规模效应的电子商务销售平台。以新疆果业集团为代表的新疆企业立足新疆特色林果产业，致力于"两张网"工程建设，对核桃市场销售行业发展起到重要引领示范作用。"两张网"即一张疆内收购网，一张疆外销售网。"两张网"工程是覆盖新疆核桃种植、生产、加工、销售全过程的核桃流通体系，包含核桃营销的商流、物流、资金流、信息流的全部要素。一方面，新疆果业集团积极推进林果交易市场建设，织密果品收购网络；另一方面，充分利用援疆机制和"十城百店""大仓东移""疆果东送"，促进疆内外企业交流合作，加大疆果外销力度。新疆果业集团等企业通过扶持鼓励一批林果电商企业，拓展线上销售平台，构建多元化营销渠道，托国内重要展会平台，让新疆优质果品和林果企业、合作社"走出去"，拓展国内国际市场。

南疆核桃及其加工产品在国内有较高的市场占有率，在国际市场也同样占有一席之地。新疆独具区位优势，是"丝绸之路"的重要节点，随着中欧班列的开通和霍尔果斯口岸的运营，南疆核桃不断走出国门。据2022年第四季度至2023年第三季度进出口情况显示：新疆核桃和核桃仁的出口量均排全国第一，分别为39372.83吨和21303.40吨，分别占全国总出口量的31.07%和46.08%，与2022年同期相比，核桃的占比略增，核桃仁占比大幅提升了7%。新疆核桃的出口国排名前三的国家分别是：吉尔吉斯斯坦（25056.34吨）、哈萨克斯坦（4481.88吨）、巴基斯坦（4381.88吨），分别占新疆出口量的63.64%、11.38%和11.13%，该三国核桃的进口量占新疆出口量的86.15%，为新疆核桃主要出口目的地。同期，新疆核桃仁出口国排名前二的国家为吉尔吉斯斯坦（16997.12吨）和哈萨克斯坦（2212.45吨），分别占新疆出口量的79.79%和10.39%，两国的核桃仁进口量占新疆出口量的90.17%，为新疆核桃仁主要出口目的地。从调研数据中也可以看出,核桃仁的出口方面,山东排名第二,但出口量仅为新疆的一半左右。新疆的核桃和核桃仁出口国较为集中,同时也有新的国家出现在出口目录中,表明新疆核桃和核桃仁的出口空间还可以进一步扩展。

第二节　区域经济发展

一、阿克苏地区

核桃是阿克苏特色林果业重要的树种之一。近年来,阿克苏地区的阿克苏市、库车市、沙雅县、温宿县和新和县等核桃种植迅速发展,业已成为南疆核桃的主产区,核桃产业对当地经济发展起到重要的推动作用。

2006年起,阿克苏核桃进入高速发展期,当年种植面积为78.05万亩,产量达0.57万吨;2016年以后,核桃种植面积一直保持在200万亩以上,产量超过30万吨,产值64亿元;截至2023年底,阿克苏地区核桃种植面积为270万亩,占该地区林果总面积450万亩的60%,产量64万吨,产值64亿元,约占林果收入186亿元的34.4%。阿克苏核桃以'温185''新新2''扎343'等品种为主,面积、产量、产值均居全疆首位。

阿克苏地区从事林果生产的企业、合作社205家,各类果品加工能力112万吨。从事核桃及相关制品加工、销售的企业、合作社有93家,其中从事加工的农民专业合作社56家;核桃产品主要销往北京、上海、广东、浙江、陕西、四川、重庆、深圳等省市及出口俄罗斯、土耳其、阿联酋、吉尔吉斯斯坦、哈萨克斯坦等国家。

一批代表性的核桃加工企业为阿克苏当地经济发展作出了突出贡献,如阿克苏浙疆果业有限公司是一家致力于核桃标准化生产的农产品精深加工企业,也是阿克苏农产品精深加工、带动农民增收致富的领军企业。公司年加工核桃坚果能力达2万吨,主要产品有纸皮核桃、核桃仁、核桃油、核桃枣泥糕等四大系列80余个单品。该公司发挥核桃全产业链链主企业优势,在阿克苏市建成"国家级优质核桃基地"达2万亩，带动180余名农民就地就近就业，直接或间接带动3600多家农户增收。

二、和田地区

核桃是和田特色林果业重要的树种之一。近年来，和田地区的墨玉、和田、洛浦等县的核桃种植迅速发展，业已成为新疆核桃的主产区，核桃产业成为当地经济发展的重要动力。

截至2023年底，和田地区核桃种植面积为173.07万亩，占该地区林果总面积450万亩的38%，产量达29.78万吨，产值26.37亿元，占林果收入90.91亿元的29%。和田核桃以'扎343'和'新丰'两个品种为当地的主栽品种。根据实地调研，和田地区平均亩产199.13公斤，亩成本670元，单位成本3.36元/公斤。2022年，和田地区销售核桃29.84万吨，总产值达到26.37亿元。

和田地区从事林果生产的企业、合作社216家，其中企业58家、合作社158家；核桃初加工企业（合作社）59家，产品有核桃仁、核桃麻糖、核桃休闲食品等；深加工企业3家，产品有核桃乳、核桃油、核桃麻糖。和田地区建成3座核桃期货交割库，大力发展核桃期货交易。建立了县乡村三级收购网络，实时托市收购，疆内收购、疆外销售。发挥跨境电商试验区优势，瞄准"一带一路"沿线国家，全力开拓土耳其、吉尔吉斯斯坦等国际市场。

和田地区的墨玉县，现有核桃种植总面积44.56万亩，规模化面积35.77万亩，2023年总产8.96万吨，亩均产量220.26公斤，总产值9.85亿元左右，核桃产业年人均纯收入1500元左右，与1996年同比种植规模增加22倍以上，产量增加27倍以上，人均收入增加250倍以上。2023年，和田县核桃种植面积30万亩，占和田地区核桃种植总面积的17.3%，目前全县正常生产、运营的特色林果农民专业合作社、企业有120家，带动就业4500人左右。

三、喀什地区

截至2023年底，喀什地区核桃种植面积为179.31万亩，占该地区林果总面积582万亩的34%，产量34.4万吨，产值41.3亿元，占林果收入175.9亿元的23.5%。核桃主要分布于叶尔羌河流域的叶城县、泽普县、莎车县、麦盖提县、巴楚县、疏附县、疏勒县等，全区核桃良种率可达85%以上。

喀什地区核桃平均亩产245.96公斤，亩成本630.92元，单位成本3.18元/公斤。叶城县建有核桃丰产示范园168个，科技示范园52个，核桃的种植、管理、采收机械化率达80%以上。喀什地区从事林果生产的企业、合作社49家，果品加工能力29.97万吨；年果品储藏和保鲜能力9.24万吨和3.82万立方米。其中，从事核桃及相关制品加工、销售的企业有12家，农民专业合作社9家。在叶城县形成了"县有龙头、乡有基地、村有合作社"的产业规模，构建了"一产接二连三"的核桃全产业链发展格局。通过"线上销售+线下销售"两张网，依托直销网点、电商平台和乡村电商服务网点，叶城县的各类核桃产品不仅畅销全国，还出口到了俄罗斯、哈萨克斯坦、巴基斯坦等国家。核桃产业已成为叶城县覆盖面积最大、产业带动性最强、群众受益面积最广的支柱产业、富民产业。

当地核桃加工企业为喀什地区经济发展也作出了突出贡献，如喀什光华现代农业有限公司作为一家主要经营核桃、核桃油、核桃蛋白粉、核桃酱等核桃精深加工产品的公司，年消化喀什地区核桃约5000吨，公司核桃原料均采购于喀什地区叶城县、泽普县以及周边地区，产值1.5亿元，带动上下游合作社、种植户20个以上，创造就业岗位5000个。

第三节　农民就业增收

一、阿克苏地区

核桃种植作为阿克苏地区的传统优势产业，近年来，在政策扶持和市场需求的推动下，产业规模不断扩大，产业链也在逐渐完善。同时，伴随核桃产业的快速发展，为阿克苏地区的农民提供了丰富的就业机会，带动了农民收入的稳步增长，2022年农村居民人均可支配收入17517元（《阿克苏地区2022年国民经济和社会发展统计公报》），其中核桃产区农民收入的40%来源于核桃生产。

核桃种植业为阿克苏地区农民提供了稳定的就业岗位。随着核桃种植面积的不断扩大，农民可以通过参与核桃种植、修剪、施肥、采摘等工作获得收入。尤其是在核桃丰收季节，大量农民投身核桃采摘工作，形成了一道独特的风景线。核桃种植业的发展，使得农民在农闲时节也有了一份稳定的收入来源。

核桃加工业的发展带动了农民就业。核桃加工产业链条长，涉及的环节较多，如核桃仁加工、核桃油生产、核桃壳利用等。这些环节都需要大量的人力投入，为当地农民提供了丰富的就业机会。核桃加工企业的发展，不仅促进了农民就业，还为农民提供了学习技能、提高自身素质的平台。

核桃销售市场的繁荣为农民创造了更多的就业机会。随着南疆核桃知名度的不断提高，市场需求逐年扩大。阿克苏地区充分利用地理优势和政策扶持，积极发展核桃销售产业。农民可以通过核桃销售、核桃物流等渠道获得收入，进一步拓宽了就业渠道。

促进乡村旅游业的发展。通过积极推动核桃产业与乡村旅游的融合发展，农民就业渠道进一步拓宽。依托丰富的核桃资源和美丽的乡村风光，当地政府打造了一系列以核桃为主题的旅游项目，吸引了大量游客前来参观、体验。乡村旅游不仅为游客提供了亲近自然、感受乡村文化的机会，也为当地农民提供了多元化的就业机会。农民可以从事农家乐、民宿、导游等旅游相关行业，增加收入来源。同时，通过参与旅游项目的开发和管理，农民的综合素质也得到了提高，为未来的可持续发展奠定了基础。

南疆核桃产业在促进阿克苏地区农民就业增收方面发挥了积极作用。今后，当地政府应继续加大对核桃产业的扶持力度，推动产业结构调整，延长产业链，提高产品附加值，进一步促进农民就业增收，助力乡村振兴。同时，农民自身也要不断提高素质，抓住产业发展的机遇，努力实现增收致富。

二、和田地区

和田核桃产业践行自治区林果产业发展"十四五"规划的相关要求,充分发挥资源和区位优势,把核桃产业打造成为和田具有较强地域影响力和竞争力的特色优势产业。以核桃提质增效作为产业发展的抓手,为农民增收就业提供了良好环境。

以和田县巴格其镇核桃交易市场为例,新疆核桃(和田)交易市场已构建了"疆内一张网、疆外一张网"的销售体系,在全国有5000多个网店、商超、专区专柜和援疆省市专柜销售网点,带动巴格其镇67家农民合作社及周边工厂提高了产品的附加值,实现了价格稳定、就地转化、眼前兑现的良好交易局面,辐射带动1万余人就地就近就业。

通过发展"核桃+旅游",推动产业融合,充分挖掘和田县巴格其镇"核桃王公园"、皮山县桑株镇"桑株古核桃园"历史文化,将核桃古树文化与民俗特色、历史底蕴相融合,将产业培育与休闲农业旅游等有机结合,形成产业联动和协调发展。依托和田旅游资源,借助新疆旅游推介平台,举办核桃文化节等节庆活动,吸引了大量游客,同时也为当地群众创造了餐饮、住宿、文创产品等多种就业机会。

2024年和田地区各县(市)拟成立84个社会化林果专业技术合作社,通过"专业合作社+农户"的模式,把发展核桃产业作为实施乡村振兴战略、实现农民共同富裕的主要支柱产业来抓,推动产业结构调整,延长产业链,提高产品附加值,进一步促进农民就业增收,助力乡村振兴。

三、喀什地区

核桃是喀什地区林果产业发展中最具有竞争力的树种,是核桃产区农民实现增产增收的重要途径。核桃产业发展为喀什地区农民提供了丰富的就业机会,带动了农民收入的稳步增长,农村居民人均可支配收入12130元(喀什地区2022年国民经济和社会发展统计公报),其中核桃产业区增收约为5000元。

（一）喀什地区通过强化农业政策支持，促进农民增产增收。如制定核桃产业发展政策，加强农业基础设施建设，不断加大农田水利建设力度，提高果园节水灌溉标准；提升农机公共服务能力，加快农业科技创新等。通过有效实施各项政策措施，促进了各级财政补贴的落实，降低了农民栽植核桃的生产成本，让农民共享国家经济发展的成果。

（二）通过加强农业信息化建设，促进农产品流通。包括：加强农业信息体系建设。高度关注核桃产品市场监测预警，通过数据采集、分析、会商、发布等形式，实现对核桃产品生产需求、价格、进出口贸易等信息的动态监测预警，适时发布信息，引导核桃产品生产经营者及时采取措施规避市场风险，引导生产和经营以及搞活农特产品流通；深入实施"万村千乡市场工程"、"双百工程"和"新网工程"；发展直营连锁农家店，引导农家店"一网多用"；增强农产品市场调控能力，适时采取临时收储等措施，防止核桃产品价格大起大落。

（三）通过适度规模化经营，持续推进提质增效工程。依托企业、合作社加强专业技术人员的培养，组建专业化林果技术服务队，加强核桃栽植、修剪技术推广，改善郁闭果园。对管理落后的果园进行土地流转，由种植大户或合作社统一管理，适度规模化经营，从而提高种植基地生产管理水平，达到提质增效的目标。加强田间管理水平，分阶段对核桃常见病虫害进行防治，加强对病虫害的管控；强化水肥管理，探索节水技术措施，保证核桃灌溉阶段水量充足，提高水肥管理科学化水平，逐步实现水肥一体化管理。现有果园多数为粮农间作型果园，按照宜农则农、宜林则林的方式进行栽培，提高单位面积产出。

（四）通过开展技能培训，提高农民创业能力。从解决农民切身利益和需要出发，由农业主管部门统一领导农民培训工作，统一安排项目和资金、考核和验收，避免政出多门。充分发挥农民专业合作社组织农民、服务农民、连接市场的作用，以合作社为依托，开展专业技术培训，提供良种和销售产品，提高农民培训效果，促进农民共同致富。培训时间要因时因季，使广大农民能及时解决问题，降低生产性技术风险。

第四节　促进科技进步

南疆核桃产业发展离不开科技进步，同时也为科技发展提出了新课题、新要求，分布在新疆地区的高校、科研院所和企业的科技团队力量也由此得到了加强，针对制约产业发展的瓶颈问题形成了一系列科研项目，一批新技术、新品种、新方法等科技成果也应运而生。

一、引领科技团队建设

南疆核桃产业发展需求带动了科研力量的投入和加强，除了新疆林科院、新疆农科院、新疆农业大学、塔里木大学、石河子大学等传统科研机构和高校的团队建设得到加强以外，一些创新科技团队、科技创新平台也应运而生。

（一）新疆大学叶城核桃产业研究院

在新疆大学的主导和推动下，2019年，新疆大学联合叶城县人民政府建立了"新疆大学叶城核桃产业研究院"。该研究院主要组织开展叶城核桃产业技术研究和集成攻关，坚持需求引导、多元共建、统分结合、体系开放，成为叶城核桃产业技术研发转化的先导中心、人才培育重要基地。该研究院在推动核桃产业健康发展、稳固脱贫攻坚成果中发挥着重要作用，对叶城及区域经济社会发展、绿洲生态环境保护、促进社会稳定和长治久安都具有特殊的重要性。

（二）阿克苏浙疆果业有限公司核桃产业研究院

阿克苏浙疆果业有限公司与中国农科院、新疆农科院、新疆林科院、江南大学、新疆大学、北京林业大学、石河子大学、塔里木大学、浙江大学、浙江农林大学等科研院校开展了深度产学研合作，在2021年成立了核桃产业研究院，是自治区级企业技术中心。研究院占地面积800平方米，现有专职研发、检测技术专业人才25人，柔性引进人才15人；拥有气相色谱仪、气相色谱质谱联用仪、液相色谱质谱联用仪、高效液相色谱仪等精密仪器170余台。研究院主要职责：

一是对核桃开展精深加工研究、新产品开发；二是开展质量安全指标及营养成分检测等工作。依托研究院平台条件，2021年，该公司主持了自治区科技支疆重大项目"核桃仁深加工、贮藏与流通全产业链科技创新与示范"；2022年，主持了国家省部联动重点科技专项"新疆核桃等特色油料作物产业关键加工技术研发与应用"课题："核桃油脂品质代谢机理与检测和调控技术研发与应用"；2022年，主持了自治区重大科技专项"新疆核桃油与核桃粕精深加工关键技术研究"项目。目前，研究院现有发明专利1项、实用新型专利5项，先后参与起草国标"核桃坚果质量等级"（GB/T 20398–2021）及行业标准"熟制与生干核桃和仁"。

（三）喀什疆果果农业科技有限公司"科技小院"

"科技小院"是一种集人才培养、科技创新、社会服务于一体的研究生培养新模式。2021年，在喀什地区疏附县委、县政府和县科技局、科协的帮助下，喀什疆果果农业科技有限公司争取了中国科协的核桃"科技小院"项目，采取"院企合作"方式，对疏附县站敏乡核桃产业进行跟踪服务，提供技术支持。"科技小院"通过在核桃种植方面的"技术攻关"，不但使核桃的产量得到提升，还进一步提升了核桃品质。"核桃'科技小院'"项目实施后，"院企合作"在疏附县农业发展中发挥了重要的推动作用。

二、促进科研立项和科技创新

（一）国家级科研项目的立项

国家林业和草原局组织编制了《林草产业发展规划（2021—2025年）》《全国经济林发展规划（2021—2030年）》，对核桃全产业链发展进行整体布局，进一步加大和优化核桃科研、育种、生产、加工、品牌等全产业链的政策支持力度。南疆核桃作为区域特色产业，尤为受到关注，2023年，由新疆农业科学院张平研究员主持的国家重点研发计划"新疆核桃等特色油料作物产业关键技术研发与应用"得到立项支持。

（二）省部级科研项目的立项

针对新疆核桃产业存在的加工技术设备落后、产品品质功能差、产业综合效益低等难题，一批旨在解决产业中的技术瓶颈问题的省部级科研项目得到立项支持，列举部分省部级科研项目如下。

1. 2021年自治区重大科技专项：核桃提质增产及加工综合利用关键技术集成示范，由喀什光华现代农业有限公司主要承担。

2. 2021年重点研发任务专项：核桃/红枣重大病虫害监测及防控关键技术研发与示范，由新疆农业大学主要承担。

3. 2021年自治区自然科学基金项目：核桃重大蛀果害虫暴发成灾规律、监测预警及防控关键技术研究，由新疆农业大学主要承担。

4. 2022年9月，自治区科技厅发布指南并设立了2022年度自治区重点研发任务专项，其中"新疆核桃精深加工产品关键技术研究与应用"项目由自治区供销合作社所属新疆果业集团有限公司旗下和田惠农电子商务有限公司牵头主持。

5. 2023年8月，由中国林科院林业所裴东研究员主持的新疆"揭榜挂帅"科技项目"新疆核桃焦叶症发生机制及综合防控技术研究"得到立项支持。

三、推动科技成果产出

南疆核桃产业推动了科技团队建设和科研的深入，一批基于南疆核桃产业的原创性科研成果相继产生，这些成果主要分为以论文为代表的基础研究成果和以专利、新品种权授权为代表的应用研究成果。

（一）南疆核桃产业相关文章

研究者针对南疆核桃产业存在的问题展开广泛研究，涉及品种选育、不同品种的生物学特性、加工产品制备工艺、机械设备研发等领域，这些研究者来自疆内各高校和科研院所，有的是多个单位合作完成，有的是一个单位独立完成，有在科研项目支撑下完成的论文，也有自主选题的论文。科研论文是科研项目成果的载体，阶段性地反映了科研进展和结果，对生产实践具有指导意义。2023年南疆核桃产业有关的论文达60余篇，具体见附录《2023年南疆核桃领域相关中文论文》《2023年南疆核桃领域相关英文论文》。

（二）专利成果

产业需求激发了研究者的创造性和积极性。2023年，10余项与南疆核桃产业相关的发明专利被授权，发明专利涉及分离设备、捡拾机械、食品、检测试剂盒等，具体见附录《2023年南疆核桃产业相关专利成果》。

（三）新品种

近3年，还有一批核桃新品种得到授权，它们分别是由新疆林科院选育的'新雄''新和1号''墨宝''新辉''新盛'。

第五节　总体评价

南疆核桃栽培历史悠久，是我国种植核桃最早的地区之一。近年来，新疆通过实施林果业提质增效工程，南疆核桃业在基地综合生产能力、科技支撑能力、加工转化能力、品牌形象塑造、市场营销等方面全面提升，为我国核桃产业发展提供了有效助力，南疆地区已成为我国核桃产业发展的重要基地。南疆地区核桃产业的蓬勃发展不仅对国内的核桃种植业、加工业及市场销售行业起到引领作用，有力促进地区经济的发展，提高农民收入，推动相关领域科技进步，还对新疆的产业结构优化升级、改善生态环境具有不可替代的作用。

南疆核桃产业在规模、技术和市场方面具有明显优势，逐渐形成了产、供、销一体化的发展格局。南疆核桃产业的崛起带动了相关产业链的协同发展，如核桃加工、物流、包装等产业，为地区产业结构优化升级奠定了基础。同时，核桃作为南疆地区的乡土树种，具有较抗寒、较抗旱、适应性强、寿命长、易栽培等特点，也是环塔里木盆地绿化荒山、沙滩，防风固沙、保护农田和实现果农间作的优势树种。

南疆核桃产业发展效益具有可持续性，这是因为：

一、产业政策为效益持续释放提供政策保障

中央政府、自治区政府、各地州人民政府,都把发展特色林果业作为农业经济增长的新动力,突出生产的规模化和专业化,产品的市场化和品牌化。为了进一步促进新疆林果业良好发展,各级政府都出台了有利于林果产业发展的政策,并给予资金支持。新疆是我国重要的林果基地,近年来,林果业作为新疆农业经济发展的重要动力与经济增长的亮点,其发展得到了中央政府和自治区政府的高度重视和大力支持。《新疆维吾尔自治区林业贷款中央财政贴息资金管理实施细则》《关于加快特色林果发展的意见》等促林惠林政策的相继出台以及自治区林草局与自治区科技厅设立林果业财政专项资金等都为新疆林业的发展营造了良好的政策环境。与此同时,各地市根据自身农业经济和林业发展的实际情况,也出台了很多有利于核桃产业发展的政策。这些政策文件都有利于新疆核桃产业的发展。

二、科技创新为效益不断提升提供技术支撑

新疆的核桃科研工作始于20世纪60年代初,新疆核桃科技工作者经过40多年的不懈努力,在核桃良种苗木繁育、低产树嫁接改优、丰产栽培及密植集约栽培等方面都进行了较深入的试验、研究,形成了较完整而实用的配套技术。目前,在核桃栽培的生产实践中,南疆结合自身的自然生态条件,总结形成以集约化种植和果林间作的模式为主的成熟栽培技术,通过示范,带动南疆地区核桃栽培基本实现了园艺化、集约化。栽培管理技术精细、规范,使核桃良种的优良特性得到充分体现,核桃园获得了较高的单产,提升了核桃的品质,从而保证了核桃种植的效益,也为树立新疆核桃品牌打下了坚实基础。

在加工技术方面,近年来,科研院所、大专院校、龙头企业通过产学研结合,不断创新核桃加工机械、工艺和产品,核桃乳、核桃油、核桃粉等核桃产品深受市场青睐。目前,南疆核桃加工产业仍以初加工为主,加工产能效率不能满足原料处理的需要,加工工艺尚需不断创新,产业发展要求技术不断进步,

科技创新将为南疆核桃产业的效益提升提供有力支撑。

三、市场需求为效益长期加量提供广阔空间

南疆核桃产业不仅巩固和拓展了核桃主产区农村脱贫攻坚成果，加快农业农村现代化，同时，还通过政策引导、科技帮扶、品牌建设拓展了国内、国际两个市场。在产业发展过程中，通过构建或规范集中统一的果品交易市场（集散地），加强内地客商对核桃产地市场的了解，鼓励电商、直播带货等新兴方式参与新疆果品的销售，依托企业或电商平台，充分利用援疆政策，在一线和二线城市边际建立核桃营销中间仓，提升核桃产品的流动速率，一系列举措激发了国内市场需求。而随着中欧班列的开通和霍尔果斯口岸的运行，也为南疆核桃走向国际市场提供了有利条件，数据表明，2023年我国新疆地区成为国内核桃产品出口量最大的省份。国内、国际两个市场的共同需求，为南疆核桃产业的高质量和可持续发展提供了广阔空间，为其效益长期增量提供了保障。

第七章

南疆核桃产业发展存在的问题与对策

南疆核桃产业发展有着得天独厚的优势，成为当地经济发展的重要支柱产业，但在种植、加工、销售等各环节仍存在一些问题，限制了核桃产业效益的进一步释放。本章针对南疆核桃产业链条各环节存在的主要问题进行梳理和分析，并提出对策和建议，以期为南疆核桃产业高质量、可持续发展提供参考，为南疆核桃产业制定相关政策、加速产业转型升级、保持稳中向好发展态势提供依据。

第一节　南疆核桃产业存在的主要问题

一、品种与种植存在的问题

（一）核桃品种与品质方面

1. 满足迭代的突破性良种缺乏

目前，生产中推广的'温185''新新2''扎343''新丰'等良种在坚果品质、丰产性等方面表现优良，但在某些方面仍有不足。如深受市场欢迎的'温185'，具有早实、丰产，壳面光滑、壳薄、易取仁，种仁肥厚饱满等优点，但也有缝合线较松（坚果清洗易进水）、果形变异较大、肥水条件要求高、易早衰等不足。良种是产业发展的基础，从产业的长远发展来看，能够替代当前良种实现品种迭代更新的突破性良种仍缺乏。

2. 品种混杂现象依然存在

尽管南疆核桃良种化率很高，但品种混杂现象依然存在，尤其在和田、喀什地区"一园多种"问题仍较普遍，这对按照品种采收和坚果分级带来极大不便，对核桃商品价值也产生不利影响，这也是许多良种核桃园按通货销售坚果的重要原因。

3. 核桃采收与品质标准化水平有待提高

采收与品质标准化决定了核桃的商品价值和质量安全，进一步影响了产供销标准化。目前，还存在流通、销售领域监管不足，产品质量控制体系不完善等问题。主产区大多数农户以通货销售为主，混装混销，不进行分级销售，少数分级的设施也比较简陋。此外，主栽品种自身存在一些缺点，如部分品种苦涩味偏重，生食口感欠佳；果壳太薄，运输损耗大，易受污染等，也影响到果品质量和销售。在核桃采收、分级和品质控制及标准化方面还有很多工作要做。

（二）核桃栽培方面

1. 间作模式对核桃产量和品质的影响

核桃树体高大、冠幅宽，根系分布深且广。果、农间作虽然取得了较好的综合效益，但在一定程度上也影响了核桃的产量和品质。间作小麦后，核桃树冠下根系分布区的土壤被小麦占据，造成核桃、小麦根系间的养分竞争。在许多区域，核桃树体的养分需求主要依赖农作物，而忽略了核桃本身的需肥规律，造成营养供给失衡。比如小麦施尿素后，氮素下渗被核桃根系吸收，造成氮肥吸收过量，营养生长过旺。当间作种植玉米等高秆作物时，大肥大水、通风透光不良的果园环境也使核桃树营养生长旺盛、病虫害多发。总之，地上部树体对光照的竞争以及地下部与作物根系的竞争都使得核桃树生长发育微环境受到一定影响，从而影响产量、品质。

2. 水肥投入不足，缺乏精准化、自动化水肥管理技术

尤其在绿洲边缘等立地条件较差的果园，水肥投入不足严重影响了核桃的生长发育和产量、品质。如阿克苏地区水肥投入现状调查表明，土壤有机质含量低，有机肥投入不足，部分区域过量施用化肥，施肥技术与树体养分需求不匹配，养分供给在时间上不同步、空间上不协调，水肥利用率低，导致生产成本高、经济效益差。喀什地区种植户对果园管理粗放，有机肥投入不足，不施肥或者少施肥现象普遍存在。上述问题在一定程度上会造成树势变弱且不均衡、产量不稳、病害较重，最终导致核桃产量、品质下降。除此，水肥施用随意性很大，大水漫灌普遍存在，精准化、自动化管理技术落后，常出现施肥、灌

溉过量，导致水肥利用率低、生产成本高、经济效益差。

3. 生产技术难以满足现代化核桃种植园的需要

当前配套的栽培模式和管理技术虽然比较成熟，但普及率还有待提高，能满足现代化核桃园需求的新技术、新装备仍然缺乏。主要表现在：（1）许多树龄较大的果园，由于管理不到位，果园郁闭严重、通风透光性差、树体抗性降低、早衰等现象显现，使果品质量和产量出现下滑。一些老核桃园迫切需要进行树体更新和结构改造以提升品质和产量。（2）病虫害生态化综合防控技术缺乏，有的病虫害在局部地区时有暴发，如南疆地区近几年大面积发生焦叶病。（3）传统人工采收方式效率低而成本高，已研发的一些采收装备虽使采收效率大幅提升，但自动化程度和应用效果还有待提高。

4. 核桃园管理不到位，果品一致性差，可加工率低

许多密植核桃园进入盛果期后，舍不得疏密，又不重视整形修剪，导致树体通风透光条件差、结果部位外移，果实主要集中在树冠外围及中上部位，内膛及中下部果实光照及营养不足，果实品种参差不齐。加之，有的果园品种较多又不按品种收获，坚果大小、形状、果壳厚度和强度一致性差，造成商品率和可加工率低、机械加工难度大，从而影响核桃坚果的销售价格和效益。

（三）种植模式宜机化程度低、机械化率有待进一步提高

推广核桃生产机械化，必须采用适合机械化的种植模式。随着人工成本的增加和机械化水平的提高，目前的种植模式不太适应机械化生产的需要，新的宜机化的栽培模式和配套技术也亟待研发和推广。目前，南疆存在大量核桃园套种粮食、经济作物等情况，间作虽然可以增大区域粮食的种植面积，在一定程度上满足农民的粮食需求，但从果园机械化作业角度考虑，林粮间作不适合果园生产管理和果品采收机械化作业要求，制约了当地林果机械化的推进。同时新疆核桃密植园株行距过小，导致机械不能进地作业。一些地方已经开始减少核桃园套种，同时采取疏密的方式，调节核桃园株行距，在机械化推进方面取得一定成效。

二、加工与利用存在的问题

（一）南疆核桃产业的加工能力有待提高

南疆地区在核桃采后初加工方面，主要依靠传统人工方式进行核桃脱青皮、清洗、干燥、分级、破壳处理，加工产能较低。部分合作社和农户逐渐采用小型脱青皮、清洗设备，但处理量有限，劳动力紧缺导致收获后的青皮核桃加工不及时，易造成核桃霉烂变色，果面发暗发黑，霉烂果、黑斑果比例上升，影响核桃品质，导致果农增产不增收。部分核桃加工企业由于起步较晚，以核桃坚果和核桃仁加工为主，生产能力还比较低，规模尚在逐步扩大，加工设备仍较欠缺，技术装备配置较低，加工工艺简单粗放，总体加工能力仍有待提高。

（二）核桃精深加工及综合利用水平有待提高

南疆地区核桃加工产业起步较晚、精深加工产品种类少，核桃产业链向下游延伸缓慢，尚未跳出核桃产品种类单一、核桃收益受限的发展模式。同时，核桃加工产业由于缺乏相关产品和技术，导致核桃残次果难以实现加工利用，核桃青皮、壳、分心木等加工剩余物再利用率低。在核桃精深加工与综合利用方面，南疆地区主要将核桃加工成核桃油、核桃乳饮料以及休闲食品，目前尚处于初步发展阶段，开发潜力巨大。

（三）加工技术应用和推广有待加强

目前，南疆核桃产业的科技成果储备不足，实用技术推广普及与新技术应用水平较低。南疆地区核桃精深加工科技推广较弱，难以满足当前核桃产业发展的需求。与云南、山西等核桃种植省份相比，新疆核桃产业在产品宣传、品牌打造和营销方面的投入也略显不足。从南疆核桃产品的销售情况看，南疆核桃产品售价偏低，销售形势仍较严峻。

三、销售和贸易存在的问题

从南疆核桃产业整体情况来看，在市场营销和贸易方面的问题主要表现在以下几方面：

（一）南疆核桃产业在产品和服务上与市场需求的贴合度与响应度有待提高，需要对市场需求及其变化做到精准把握，市场信息的捕捉能力不够强，面向市场需求的新产品创新力度不够大，引领市场需求的能力有待加强。

（二）"两张网"工程是覆盖新疆核桃种植、生产、加工、销售全过程的核桃流通体系，包含核桃营销的商流、物流、资金流、信息流的全部要素，其中各个环节的有效衔接和高效运行决定了营销的效率和效益，以标准化为引领的产销一体化刚刚起步，需要从数字化、智能化等方面进一步提升水平。

（三）从核桃产业角度看，在品牌（包括区域公共品牌、企业品牌和产品品牌）创新方面缺少系统化的整体设计与规划，南疆核桃的品牌定位尚不清晰。对各个企业"八仙过海——各显其能"的局面应进行优化和提升，面对其他省份核桃产品的市场竞争，应找到凸显本区品牌竞争力的路径，发挥整合营销的协同效应。

（四）虽然在"疆内网"工程中，在和田、叶城、阿克苏等核桃主产区建设了核桃仓储加工交易中心，为形成通往内地的营销渠道建立了平台，但从核桃主产区到国内各地区的渠道宽度（基于经销商数量的渠道指标）与有效消费人口系数指标不匹配的情况仍然存在，各营销渠道的连接强度分布不均，有待加强。

（五）缺乏对核桃市场销售信息的统一收集整理。南疆核桃产品的市场销售规模日趋扩大，但对核桃市场销售信息缺乏统一的收集、整理和分析。核桃的对外销售量、销售地区及不同地区、不同品种的销售价格等重要指标信息缺乏系统性，各部门数据零散，影响市场开拓的决策和部署。

（六）在进出口贸易方面。新疆位于"一带一路"重要节点，在基础设施建设方面取得了一系列成就——中欧班列发展迅速，霍尔果斯等口岸和新疆国际陆港的建设发展迅速。但是，南疆地区在对外贸易过程中仍然受到客观因素和自然条件的制约，如季节性口岸给贸易往来带来了不便，铁路建设还没有真正做到与周边国家贸易往来畅通无阻等。另外，产品类型多样化方面有待提高，以应对越来越激烈的国际市场竞争。在政治环境方面，美国与我国的贸易摩擦，在一定程度上对新疆的对外贸易产生了不利的影响。

第二节　南疆核桃产业发展对策与建议

一、品种与种植发展对策

（一）持续开展核桃种业基础研究，选育突破性特色良种，深入推进良种化

良种是产业发展的基础，只有发展优良品种，实现良种化，才能充分发挥核桃的产量、品质优势，并在较长时间内保持产业地位。一方面，通过设立专项资金，长期持续支持核桃种质资源、品种选育等工作，不断推出优质、丰产、高适的突破性良种，以市场需求为导向，实现品种的更新换代。随着国内核桃市场竞争日趋激烈，对核桃的品质、特色、效益不断提出新要求。因此，在核桃良种选育目标上，除了满足优质、高产之外，选育具有地方特色、适宜加工的高品质核桃，也成为未来的重要育种方向。另一方面，持续推进良种化，有利于解决局部地区品种混杂、树体更新和采收品控问题，是南疆核桃在激烈市场竞争中"走出去、走进去、走上去"的基础；为了实现核桃良种化、特色化，在选择种植品种时，因地制宜，既要兼顾对园内的劣树更新，更要控制良种数量和授粉树比例，为减少品种混杂、严格质量分级和品控、实现优质优价奠定坚实基础。

（二）优化栽培模式和管理技术，生产特色、高品质核桃

在现有栽培模式基础上进一步优化配套的管理技术，尤其对果、农间作模式，通过技术创新和优化，实现核桃与间作作物的优势互补和经济效益、社会效益、生态效益最大化。

1. 在水肥管理方面，大力推进精准化、自动化管理技术，通过节水灌溉、科学施肥提高水肥利用率。倡导按照核桃的需肥规律进行合理的配方施肥，保证有机肥投入量和正确的施肥方式，保证树体养分需求在时间上同步、空间上

协调，促进土壤肥力和环境的持续提升。

2. 在树体管理方面，要通过疏密、落头、树体更新改造等措施重点解决株行距较近、树体结构不合理等导致的通风透光性差、不适应机械化管理和采收、难以实行标准化生产作业等问题。除此，要合理增加修剪次数、提高修剪效果，在6月进行夏季修剪，实施二次枝疏除和摘心，避免二次枝生长旺盛造成树冠过早郁闭和养分争夺，在秋季进行大枝回缩、疏除过密枝、病虫枝等基本修剪，为构建高光效树形、创造良好通风透光条件和果园生态打好基础。

3. 在病虫害防治方面，要加大病虫害生态化、绿色综合防控技术的研发和推广力度，加强有害生物预测预报和统防统治工作，对于共性的重大病虫害如"焦叶病"等，要找到其症结并制定最优的解决方案，实施生态化综合防控，为生产绿色、安全的特色、高品质核桃提供必要保障。

（三）积极推进标准化、现代化生产，提高机械化、智能化水平

标准化是林果业发展的一项基础性工作，是助推林果业高质量发展的有效手段。2020年，自治区人民政府办公厅印发《关于进一步加强自治区林果业标准化工作的实施意见》，明确提出要加快新疆林果业标准化建设，健全林果全产业链标准体系，全面实施主栽品种管理模式标准化、病虫害防治技术标准化、产品质量分级标准化、"两品一标创建"标准化。南疆地区的核桃种植，绝大部分是几亩、十几亩的农户分散种植，需要在今后探索新的生产组织形式，推动从分散经营转向专业化、规模化、集约化发展。南疆核桃应严格按照核桃栽培技术规程组织生产，大力开展"两品一标"认证工作，依托标准化生产，生产优质、绿色、安全的核桃产品，坚持质量兴农，增强南疆核桃的市场竞争力。结合南疆实际，我们应加大核桃专用机械研发和人才培养力度，改变传统生产方式，提高核桃生产机械化水平，并促进核桃生产的农机农艺融合，积极推进核桃生产全过程机械化，降低生产成本。

（四）优化核桃产业政策，提升产业竞争力，促进产业高质量发展

核桃的生产周期长、投入大，加之近年核桃价格较低、管理成本增加，导致收益下滑、农户种植核桃的积极性不高。虽然南疆核桃种植面积和产量位列

全国前茅,但种植核桃的农户普遍缺乏规范化、规模化以及科学化种植的产业意识,导致种植核桃的主观能动性不高。政府可以像支持粮食、棉花产业发展一样,对南疆核桃生产给予基本投入补贴,调动果农生产的积极性。除此,可以从以下几方面着手来优化核桃产业政策:(1)利用优势,打造高效产业园区,巩固提升基地建设质量;(2)壮大市场主体,提高核桃产业品牌效益;(3)挖掘农业非遗,推动文旅融合发展;(4)完善金融政策,健全用地保障机制;(5)优化产业链,提高核桃坚果初加工和深加工能力等,进而提升产业竞争力,促进产业高质量发展。

二、加工与利用发展对策

精深加工能够最大限度地提升农产品附加值和竞争优势,在核桃产业发展中起到重要的引领和拉动作用。国内市场上核桃加工产品的种类不断增加,对核桃的需求量也在逐步增长,但是我国核桃产品精深加工水平依然有待进一步提高。深加工产品比初加工产品的附加值更高,适宜开发出差异化产品,与初加工产品相比更易多元化。在南疆现有核桃种植规模下,应积极引进和培育核桃深加工企业,打造本地优秀品牌,引进先进技术与设备,鼓励高校、科研院所与企业联合开展核桃深加工产品研发与生产,延伸核桃深加工产业链条,因地制宜地开发核桃深加工产品。地方政府、企业、农户应做好沟通协调,保障核桃产业稳步健康发展,提升核桃产业综合经济效益,带动区域经济发展和农户增收。

(一)把控核桃深加工原材料品质

目前,核桃深加工企业的采购模式主要分为两种,一种是与合作社或者核桃种植企业合作,另一种是直接向种植户购买。原材料的品质对精深加工产品的品质起重要作用。随着现代食品工业的发展,食品企业对原材料的要求不断提高,在原材料采购与质量检测方面更加严格,而分散种植、管理与销售,对传统种植业者的核桃销售十分不利。所以,大力发展核桃精深加工、延伸产业链条要依靠优质的核桃原料,从源头培育良种,需要通过"农户+企业"或者"农户+合作社"等模式，对以往的分散经营实行集中管理。为此，要搭建核桃收购、仓储、交易、销售等链条，打造一体化的核桃交易市场，并以此为核心进一步打造特色核桃产业发展区。

（二）持续推进核桃精深加工和副产品综合利用

在核桃精深加工方面，应创新和引进前沿的精深加工及综合利用技术，加快对传统核桃加工产品的升级换代，进行核桃精深加工产品研发，实现核桃产品的多样化、高档化、功能化，最大限度地利用核桃资源，提升核桃产品的附加值。

继续巩固核桃系列传统产品的生产，丰富核桃加工产品种类，扩大核桃产品生产规模，提高产品品质，结合南疆风景名胜区相关旅游项目的开发，大力开发核桃旅游产品。

充分利用核桃及其加工副产物资源，开展核桃精深加工产品的研发，如利用核桃油中的亚油酸和亚麻酸等多不饱和脂肪酸研发具有特殊营养功能的核桃油产品，利用核桃粕原料开发功能性蛋白肽产品等。核桃饼粕通常被视为废弃物或廉价饲料、肥料等，事实上核桃饼粕富含植物蛋白，是一种优质的蛋白资源，还含有丰富的维生素、微量元素，应该被进一步加工、提取和利用。

充分利用核桃壳、核桃分心木、核桃青皮等核桃加工剩余物。核桃壳是核桃加工副产物之一，占核桃干果质量的近50%，核桃壳被丢弃或焚烧，不仅浪费资源，而且污染环境。核桃壳主要成分为木质素、纤维素、半纤维素等，可以制备不同功能的活性炭、用于石油生产中的堵漏剂；核桃壳经干燥后粉碎，用研磨机制备核桃壳粉，经过除尘、分选、磨碎、抛光、风选、筛分等工序可制成日化用品添加剂，如磨砂膏、肥皂、手工香皂的添加剂等；核桃壳也可以用来生产研磨剂、抗聚剂等，用于汽车抛光和汽车发动机清洗等。核桃分心木含有黄酮、多糖、多酚、皂苷、生物碱等功能活性成分，具有良好的抗氧化、抗菌、抗炎等作用，其水提物和醇提物都具有良好的自由基清除能力，可以开发成袋泡茶等产品。核桃青皮是核桃初加工的主要副产物，含有丰富的酚类物质，具有较高的利用价值，可用于提取植物源色素。总之，在开发新产品、新技术，加强核桃副产物利用方面有大量工作要做。

（三）加快培育南疆核桃精深加工龙头企业

核桃全产业链模式是我国现代农业发展的必然趋势。核桃精深加工企业是产业链生产要素中最重要的产业实体，企业品牌效应会增加企业收益，增强产品竞争力，"市场+企业基地+农户"的全产业链模式，可较好地发挥企业对生产基地周边农户的带动作用。龙头企业的统领作用可以通过自营、并购、契约等方式实现，也可以通过与农户、合作社建立合作联盟实现。一是要加大对核桃加工企业的扶持力度，通过引进培育核桃产品精深加工企业、鼓励企业设立企业技术研发中心等方式，加快核桃特种油脂、核桃优质蛋白、核桃保健产品的研究与开发，提升产品档次，丰富产品种类，提高附加值。二是要通过精深加工开发核桃粕、核桃壳等综合利用项目，加强副产品开发、利用的研究，提升核桃精深加工和综合利用技术水平。

在外部环境方面，对于自治区内的重点龙头企业，政府相关部门在基地建设、原材料采购、设备引进和产品出口方面，应有计划、分期分批地予以重点扶持。要积极营造良好的商业环境，壮大龙头企业、初级加工企业、合作社、种植大户等核桃产品经营主体，积极打造核桃"种植生产—产品加工—商品销售"的良性循环，创造出大而优的品牌。营造市场营销网络，使核桃相关产品逐步参与国内外竞争，促进企业做大做强。

三、销售和贸易发展对策

（一）多措并举，加大市场开拓力度

1. 构建"产加销"一体化发展链条。以"疆内网"核桃仓储加工交易集配中心为支点，建立南疆核桃仓储、加工、交易一体化产业平台；基于"疆外网"全面推进"商超卖场联营"销售网点建设，进一步开辟销售渠道；基于县、乡、村三级收购服务网络整合、培育、联合多方力量，开展核桃购销业务，巩固完善南疆核桃全国供应链系统，畅通国内市场大循环，稳步扩大南疆核桃在各城市的销售规模。

2. 建立公共营销服务平台。进一步提升"疆内网"B2B电子商务交易服务平台的服务功能，培育和服务农民经纪人、小微企业及采购商，实现交易服务、市场信息、第三方支付、金融服务等一站式网上批发采购服务，形成集网上交易、供应链管理、互联网金融和社会化服务为一体的南疆核桃交易服务平台。联合自治区内外上下游企业，聚集生产、品牌、物流、渠道资源，形成合力，构建流通企业、采购商、生产者紧密合作的农商产业联盟，推动建设开放型、多元化、市场化核桃营销服务平台，促进核桃购销交易。

3. 构建核桃国内国外双循环供应链体系。近几年，在国内市场以增加一线城市的销售网点为主，在国外市场以开拓中亚地区市场为主。随着转型升级的不断深化，产品逐渐从低端向中高端过渡，国际市场的重心向欧美市场转变，实现销售市场的升级。

（二）积极宣传推介，打造南疆核桃品牌

品牌最大的价值体现在差异化上，打造南疆本土品牌应找到南疆在地理、文化、历史和产品方面的独特之处进行宣传，形成南疆核桃产品品牌名片。应通过宣传部门，在央视及省区市主流媒体、新型媒体开展南疆核桃产品公益宣传推介活动，举办并积极参加国内外相关产品展示展销会，扩大影响，提高南疆本土品牌知名度和市场竞争力。与此同时，要充分发掘南疆核桃的历史文化，增加和丰富南疆核桃的文化底蕴，以文化促进和助推产业发展。具体可以从以下几方面推动南疆核桃品牌建设：

1. 提升产品质量和竞争力，提升品牌影响

品牌化建设是提升南疆核桃市场竞争力的重要基础，产品质量是品牌价值的核心，只有提高南疆核桃产品质量，才能在市场竞争中立于不败之地。首先，必须充分认识到品牌建设的重要性，加大培育和创建品牌的力度，利用新疆地域特色，打造区域大品牌和全国知名品牌。其次，质量是品牌的生命力，建立产品质量标准体系，实施规模化、专业化、标准化生产，保证品牌产品的质量。最后，要加大宣传南疆核桃品牌，对已有品牌加大保护力度，坚决杜绝以次充好、以劣充优的现象，明确细分市场，合理定位市场，制定南疆核桃品牌战

略,提升南疆核桃市场知名度,抢占高端市场份额。

2. 注重客户需求与体验,防范品牌风险

打造地区品牌,就要实现品牌与目标市场的有效对接,增强品牌危机管理能力,健全危机预警体系,加强舆情信息监测,切实防范品牌风险。在品牌建设过程中,必须把品牌塑造与客户需求紧密结合起来,用良好的客户体验推动品牌形象的树立。目前,各超市销售带包装的核桃,品牌繁多杂乱,无法形成大品牌效应,也不能提高消费者的品牌认知度,而在批发市场,南疆核桃以散批、散卖为主,核桃质量优劣不一,大多是好坏混售,无法实现优质优价,甚至产生"柠檬市场"效应,致使优等品遭受淘汰,而劣等品逐渐取而代之。这两种局面,应尽量扭转和避免。

3. 培育深加工品牌形象,打造南疆区域公共品牌

南疆尚未形成核桃产品综合开发利用模式,仍停留在脱青皮、清洗、漂白等初加工阶段,核桃油、核桃粉、核桃乳等深加工产品还处于起步阶段,南疆核桃综合开发利用的空间还很广阔。南疆核桃在市场上较受青睐,但在核桃乳、核桃油、核桃蛋白粉等产品上没有较大的品牌影响力。企业发展离不开品牌,南疆区域型品牌对于整个南疆核桃产业发展同样至关重要,应打造农产品区域公共品牌和企业品牌,提升产品形象,充分整合现有资源,做优做强主导产品品牌,形成规模效应。

4. 利用大数据实现品牌的精准培育,提高品牌竞争力

大数据可以帮助企业更好地了解市场和客户需求,并根据这些信息制定更有效的策略,从而提高品牌竞争力。运用大数据实现市场精准定位,快速了解目标市场消费者和潜在消费者的真实需求,精准细分市场、明确市场定位,是推动品牌建设的重要环节。基于数据分析可提取零售客户和消费者反馈的有价值信息,智能化完善产品,科学改进服务。首先,要在保证数据采集细致和全面的前提下,使用大数据算法构建消费者细分模型,获得较多的有效群体信息,并保证这些群体有着相对集中的需求特征。其次,要构建大数据算法快速反应机制和市场调研与大数据融合机制,提升市场细分的准确性。最后,通过开展不同类别市场与消费者的大数据画像，为品牌精准培育提供关键信息。通过充分利用大数据实现品牌的精准培育，提高品牌竞争力和影响力。

（三）加大对专业合作社和林果专业技术社会化服务的扶持

推动南疆核桃产品的销售和贸易，还需要积极培育新型经营主体，探索土地流转形式，组建农民专业合作社，培育新型职业农民，支持林果龙头企业和农民合作开展核桃生产、加工服务，积极推动以政府购买服务的方式，对核桃种植生产环节的社会化技术服务进行扶持，促使各项生产技术标准和规程全面贯彻落实，实现南疆核桃生产的标准化、规模化和产业化。"林果社会化服务+企业基地+农户+标准"的产业链模式是以企业专业化的核桃加工与成熟的市场为基础，辅以生产基地周边农户核桃产品生产支撑的一种农业产业发展模式。企业可以利用自己对市场的把控，以及产品标准来指导农户。该模式的最大优势是可以较好地发挥农业生产企业对生产基地周边农户的带动作用，实现以点带面，以面带全，真正服务于地区核桃产业的发展。

（四）通过推动文旅融合发展促进南疆核桃销售和贸易

在全面推进乡村振兴战略背景下，农村三产融合发展已成为农民群体就业增收渠道拓宽和优化的重要载体。第一，根据新市场需求打造新产品。新发展阶段下的乡村旅游向集群化、品质化和目的地化转变，这对乡村旅游的功能提出了更高的要求。同质化的景区下单纯的采摘、民宿难以满足现在多样化的消费需求，更无法带来高品质的体验，因此，需要核桃园区进一步开发新的功能性文旅产品，如针对遛娃族的核桃主题乐园，针对潮流时尚青年的核桃森林音乐节等。第二，根据新卖点培育新竞争力。新的消费环境下，主打营养的核桃产品不再具有竞争优势。在新的文旅消费趋势下，消费体验升级更容易形成新的核心竞争力，要探索产品销售与园区文旅体验结合销售的新模式。第三，结合地方特色积极发展乡村旅游。以核桃林为载体，建设核桃森林康养基地，打造"核桃园林观光体验+核桃森林康养"为主题的乡村旅游综合体，通过乡村旅游，有效带动核桃产业全面发展。

附　录

2023年南疆核桃产业发展大事记

一、相关政策

（一）国家层面对核桃产业发展的促进政策

1. 2023年，工业和信息化部等11部门联合印发了《关于培育传统优势食品产区和地方特色食品产业的指导意见》（工信部联消费〔2023〕31号），明确了做大做强核桃加工全产业链的政策，一是丰富食用油原料品种，优化加工能力，建设核桃等食用油原料供应基地；二是鼓励食用油加工龙头企业发挥产业链主引擎作用，拓展核桃等地方特色食品产业链，强化上下游深度融合，扩大核桃油市场影响力，以品牌溢价带动产业发展。

2. "十四五"期间，国家林业和草原局配合科技部，继续加大对木本油料科技创新的支持力度，部署实施"林业种质资源培育和质量提升"重点专项，启动主要经济林优质高产新品种创制与精准栽培技术、新疆核桃等特色油料作物产业关键技术研发与应用等项目，开展以核桃等木本油料树种为代表的木本油料优质高产新品种创制与精准栽培技术、轻简栽培和高效采收装备攻关，推动木本油料产业高质量发展。重点围绕核桃等木本粮油经济林树种，组织编制了《全国经济林发展规划（2021—2030年）》。

（二）自治区层面对核桃产业的促进政策

1. 《2023年自治区国民经济和社会发展计划》

《2023年自治区国民经济和社会发展计划》明确提出要培育壮大特色优

势产业,加快打造包括"绿色有机果蔬产业集群"在内的"八大产业集群"体系。以"一区三带"为重点,继续支持特色林果标准化生产示范基地建设,加快打造林果产业链,推动新疆特色林果产业产区品牌引领、产品品牌支撑双驱动。

随后,《金融支持新疆"八大产业集群"发展若干措施》(以下简称《若干措施》)印发。《若干措施》提出,着力提升金融支持"八大产业集群"发展能力,形成银行、保险、基金、融资担保等多元金融服务手段综合运用的格局,推动"八大产业集群"融资,实现"增量、扩面、降价、提质"。围绕涉农领域,《若干措施》提出,运用再贷款再贴现等政策工具,向金融机构提供低成本的央行资金,支持金融机构为符合条件的企业提供较低利率贷款。

2.《自治区绿色有机果蔬产业集群建设行动计划（2023—2025 年）》

林果产业是新疆优势产业。2023年,自治区编制完成《自治区绿色有机果蔬产业集群建设行动计划(2023—2025年)》《自治区现代林果产业体系发展分析报告》,起草完成《关于南疆林果产业链建设情况的调研报告》及《南疆林果产业发展专项行动方案(2023—2025年)》,加快打造具有新疆特色的现代化产业体系。组建林果全产业链提质增效专家服务团,常态化开展技术培训,使群众受益。组建核桃等产业技术体系专家团队,重点围绕品种选育、绿色生产、机械化应用、冷链物流、数字化管理等开展科研攻关、示范推广和技术服务并实施新疆林果新品种选育项目。

3.《新疆维吾尔自治区林业草原保护发展"十四五"规划》

《新疆维吾尔自治区林业草原保护发展"十四五"规划》提出要大力发展新疆特色林果产业,坚持"强果",持续深化林果业供给侧结构性改革,大力实施林果业提质增效工程,推进"产加销"一体化和全产业链优化升级,全面提升林果产业综合生产能力和经营效益。

具体通过:(1)推进林果业标准化;(2)加强林果技术服务;(3)不断优化林果产业结构;(4)创新林果产业发展模式;(5)加强林果优势产业集群建设;(6)建立果品质量安全现代管理体系;(7)加强林果品牌建设;(8)加强

林果市场开拓。

二、领导关怀

（一）2023年5月，新疆农业农村厅深入南疆四地州进行走访调研。在和田地区，调研小组围绕延伸核桃产业链，进一步夯实群众增收致富基础，听取大家意见。副厅长李晶表示，要通过深入调研，谋划扩大特色农产品出口的地缘优势，加快发展新疆的外向型农业。产业发展处处长张虎表示，要集中精力实施农产品加工业提升工程，引进全国知名龙头企业，延伸产业链，提高产品附加值。

（二）2023年7月中旬，十四届全国政协委员，国务院原扶贫办党组书记、主任，中国乡村发展志愿服务促进会会长刘永富率队到新疆喀什开展核桃产业调研。调研组到叶城县新疆美嘉食品饮料有限公司调研核桃产业深加工情况，参观核桃系列产品生产线，详细了解原料收购、加工销售情况；赴巴仁乡五村调研核桃种植面积、产量、收益、林下间作、田间管理等情况后，刘永富指出，要充分发挥合作社作用，优化品种，科学种植，实现机械采收；调研组还调研了叶城县核桃交易市场。

（三）2023年10月，民政部启动"情暖天山、大爱无疆——全国性社会组织援疆行动"，中国乡村发展志愿服务促进会与新疆维吾尔自治区农业农村厅、林业和草原局、供销合作社联合社签订《共同促进新疆南疆核桃红枣产业高质量发展合作协议》，提出帮助农民增收、企业盈利、产业可持续发展的具体帮扶措施。依据协议，四方协商确定三项重点工作：帮助核桃、红枣出疆销售；帮助云南摩尔农庄在新疆的50万吨核桃加工项目尽快落地；帮助央国企援疆产业项目推进实施。

三、重要项目

（一）部省联动国家重点研发计划"新疆核桃等特色油料作物产业关键技术研发与应用"项目

2023年启动了部省联动国家重点研发计划"新疆核桃等特色油料作物产业关键技术研发与应用"项目。该项目由新疆农业科学院张平研究员主持，围绕核桃油用专用良种及授粉组合技术、加工技术研发与产业示范、花生播种质量提升关键技术创新，以及核桃油绿化稳态化加工与品质调控等进行五个课题、二十个子课题的科研攻关，旨在通过提高特色油料作物科技创新能力和水平，促进新疆核桃和花生产业提质增效和高质量发展。

（二）自治区重点研发任务——厅厅联动专项"新疆核桃精深加工产品关键技术研究与应用"项目

厅厅联动专项"新疆核桃精深加工产品关键技术研究与应用"项目于2023年正式启动。该项目由新疆维吾尔自治区油料产业技术体系首席科学家、中国农业科学院农产品加工研究所王强研究员主持。项目聚焦于新疆核桃精深加工关键技术研究与新产品开发，致力于解决原料预处理智能化一体化加工、加工专用品种筛选与核桃仁高效制备与精制分级、油—蛋白联产与系列深加工产品开发等瓶颈性的难题并实现产业化应用。

（三）新疆"揭榜挂帅"科技项目："新疆核桃焦叶症发生机制及综合防控技术研究"

该项目由中国林科院林业所承担，项目起止时间为2023年8月23日至2025年12月31日，项目致力于建立核桃焦叶症的精准快速诊断技术体系，阐明核桃焦叶症的发生机制，实现精准快速诊断和预警，研发焦叶症高效防控制剂，研建防控焦叶症的水肥、药剂管理新技术，提出综合防治技术规程，在试验示范区实现焦叶症的可防、可控、可治。

（四）新疆重点研发任务专项"新疆杏李、杏等主要果树抗寒关键技术研究"

2023年新疆重点研发任务专项"新疆杏李、杏等主要果树抗寒关键技术研究"由新疆林业科学院园林绿化研究所郭靖研究员主持，该项目聚焦于南疆主要果树（杏李、苹果、杏、西梅、巴旦木、核桃等），在抗寒机理、抗寒品种鉴定和筛选、冻害预报和风险区划研究及预警技术体系三方面开展研究。

（五）新疆重大科技专项"新疆核桃油精深加工关键技术研究与应用"项目

2023年1月，由喀什光华现代农业有限公司牵头主持的"新疆核桃油精深加工关键技术研究与应用"项目启动。项目围绕核桃精深加工关键技术瓶颈，拟突破核桃调和油安全生产加工新技术，核桃油甘油二酯新产品加工技术，高品质核桃蛋白和植物乳、核桃酱等多元化核桃蛋白精深加工产品研发技术，以及核桃抗氧化肽和益智肽创制技术，并进行集成、熟化和示范，形成工业化产能。

（六）近3年省部级重大在研项目

项目类型	项目名称	起止年限	财政经费（万元）	承担单位	主要研究内容
部省联动	核桃高油种质资源挖掘和汇集	2022年11月—2025年10月	300	中国林科院林业所	在新疆核桃主产区筛选出适宜的油用核桃专用品种，建立主产区优良品种精准布局和应用方案
重点研发任务专项	核桃/红枣重大病虫害监测及防控关键技术研发与示范	2021年1月—2024年12月	500	新疆农业大学	以核桃蛀果类害虫（核桃蛀果害虫、梨/李小食心虫）为对象，围绕害虫成灾机制、关键技术（监测预警、生物防治、物理诱控、化学生态调控）的研发，构建防控体系
新疆维吾尔自治区重大科技专项	新疆核桃油与核桃粕精深加工关键技术研究	2022年1月—2024年12月	1800	阿克苏浙疆果业有限公司	围绕核桃精深加工关键技术瓶颈，进行核桃油加工关键技术攻关，研发含有核桃抗氧化等生物活性肽新产品以及攻关核桃抗氧化肽加工技术等

四、重要成果

（一）奖励

由塔里木大学、新疆生产建设兵团林业和草原工作总站、新疆生产建设兵团林业和草原资源监测中心、石河子大学、中国农业科学院棉花研究所共同编著的《红枣、核桃、棉花病虫害防治彩色图谱》汉维双语科普丛书获得神农中华农业科技奖科学普及奖。

（二）专著

由中国乡村发展志愿服务促进会组织编写的《中国核桃产业蓝皮书（2022）》和《中国南疆核桃产业蓝皮书（2022）》于2023年6月10日在北京发布。

（三）发表论文

2023年新疆各高校院所累计发表60余篇科学论文，其中中文收录约50篇，英文收录约13篇，涵盖了核桃资源、栽培技术、生理生态、分子生物学、食品营养、贮藏保鲜、制备工艺、植保、农机、医药学、化工等研究领域。

1. 中文论文

2023年南疆核桃领域相关中文论文

序号	作者	题目	期刊	第一作者单位	发表时间
1	席婧、蒋志辉	新疆地区核桃产业发展现状分析	现代园艺	塔里木大学经济与管理学院	2023.1
2	张瑞、李国伟、刘扬 等	坚果干燥技术研究现状分析及展望	新疆农机化	塔里木大学机械电气化工程学院	2023.4
3	渠述贺、朱占江、沈晓贺 等	核桃壳仁分选技术研究现状与展望	中国农机化学报	新疆农业大学机电工程学院	2023.10
4	张玉湘萌、丁羽、李景耀 等	核桃采收机械的研究现状及发展趋势	南方农机	塔里木大学机械电气化工程学院	2023.3
5	韩立群、张捷、赵钰 等	新疆野生核桃JfDREB1A基因的克隆与原核表达分析	西北农业学报	新疆农业大学园艺学院	2023.7

续表

序号	作者	题目	期刊	第一作者单位	发表时间
6	王茹、罗莎莎、王如月 等	不同生长时期核桃叶片中挥发性有机物的GC-IMS分析	林业科学	新疆农业大学	2023.6
7	王如月、罗莎莎、王茹 等	利用GC-IMS分析3个核桃品种叶片挥发性物质指纹差异	新疆农业科学	新疆农业大学	2023.11
8	吴飞飞、李晓娟	一种深度学习的通货核桃品种分选方法	现代电子技术	新疆大学机械工程学院	2023.1
9	郝金莲、王如月、罗莎莎 等	采收期对叶城县6个核桃品种品质影响初探	核农学报	新疆农业大学林学与风景园林学院	2023.1
10	周高兴、伊再提古丽·加帕尔、李欣 等	新疆核桃与域外核桃品种果实总多酚差异分析	北方园艺	南疆特色果树高效优质栽培与深加工技术国家地方联合工程实验室	2023.11
11	马文强、刘佳、沈晓贺 等	核桃叶片氮元素含量的光谱预测模型	新疆农业科学	新疆农业科学院农业机械化研究所	2023.3
12	张静、许咏梅、朱倩倩 等	新疆南疆核桃肥料效应及推荐施肥量测算	中国土壤与肥料	新疆农业大学资源与环境学院	2023.3
13	刘志月、庞立欣、高晰宇 等	化肥减施对辽宁1号核桃产量和品质的影响	中国果树	河北农业大学山区研究所	2023.9
14	廖晨宇、欧源、杨钰琪 等	不同灌溉定额下成龄核桃果实品质差异分析	林业科技通讯	新疆农业大学林学与风景园林学院	2023.5
15	付强、王琴、徐彩芹 等	黑核桃组培中消毒及防止褐化最适浓度分析	新疆农业科学	石河子大学农学院	2023.6
16	张静、张兆彤、殷子月 等	我国核桃主产区果实氮磷钾养分吸收阈值研究	中国土壤与肥料	新疆农业大学资源与环境学院	2023.5
17	杨梦思、王茹、杨钰琪 等	水肥耦合对黑核桃幼苗质量及光合特性的影响	中国果树	新疆农业大学林学与风景园林学院	2023.2
18	朱倩倩、陈庆其、殷子月 等	新疆南疆成龄核桃有机肥施用现状与施肥技术	农业科技通讯	新疆农业科学院土壤肥料与农业节水研究所	2023.3
19	张倩、张载勇、吉春容 等	基于核桃生理特征变化的越冬冻害监测指标研究	中国果树	中国气象局气象干部培训学院新疆分院	2023.9

续表

序号	作者	题目	期刊	第一作者单位	发表时间
20	徐静、石书兵、秦小钢 等	核桃林间作西红花对其土壤微生物数量的动态变化	新疆农业科学	新疆农业大学农学院	2023.8
21	陈图强、徐贵青、陈家祯 等	不同灌水量对核桃树生理、生长和果实品质的影响	生态学杂志	中国科学院新疆生态与地理研究所	2023.3
22	梁少辉、陈虹、刘书典 等	核桃优良单株幼苗对干旱胁迫的生理响应及抗旱性评价	天津农业科学	新疆农业大学林学与风景园林学院	2023.6
23	丁文文、郭松、张锐 等	不同处理对'温185'核桃种子萌发及幼苗生长的影响	种子	塔里木大学园艺与林学学院	2023.2
24	刘春花、桑晟赟、谢富 等	不同施磷水平对核桃实生幼苗土壤营养元素含量的影响	现代农业科技	阿克苏地区中等职业技术学校	2023.4
25	郭松、马治浩、森巴特 等	追肥期缓释肥施用对核桃叶片光合、叶片营养及果实品质的影响	塔里木大学学报	塔里木盆地生物资源保护利用兵团重点实验室	2023.9
26	王巧、杨龙、潘云飞 等	多异瓢虫对核桃黑斑蚜的捕食作用	中国生物防治学报	中国农业科学院植物保护研究所	2023.4
27	曹小艳、叶晓琴、阿地力·沙塔尔 等	核桃果皮对苹果蠹蛾为害的防御响应	林业科学研究	新疆农业大学园艺学院	2023.12
28	李猛、闫成才、王庆朋 等	一种核桃腐烂病新病原菌的分离与鉴定	现代园艺	塔里木大学	2023.5
29	陈祉颖、马贵龙、高桂珍	异色瓢虫对两种核桃蚜虫的田间控害作用	中国植保导刊	新疆农业大学林学与风景园林学院	2023.10
30	史娜艳、闫成才、王兰 等	新疆核桃树溃疡病病原菌Diplodia seriata的鉴定	植物病理学报	塔里木大学农学院	2023.2
31	桑思语、吴晓、许红军	核桃木腐熟菌渣基质化利用及黄瓜育苗效果比较	北方园艺	新疆农业大学园艺学院	2023.10
32	温家康、张萍、王茹 等	新疆野核桃枝条组织结构与核桃腐烂病抗性的关系	西南农业学报	新疆农业大学林学与风景园林学院	2023.7
33	倪晓莹、邢军、刘军 等	响应面法优化核桃巴旦木复合酱料制备工艺	中国调味品	新疆大学生命科学与技术学院	2023.6

续表

序号	作者	题目	期刊	第一作者单位	发表时间
34	孙蕾、梁秋艳	新疆红仁核桃营养成分测定及营养价值评价	食品工业	新疆维吾尔自治区产品质量监督检验研究院	2023.7
35	焦云琦、徐丹亚、梅洁 等	基于核桃油-辛酸酶法合成新型结构脂的研究	中国粮油学报	新疆农业大学食品科学与药学学院	2023.1
36	周煜凡、冯疆涛、白冰瑶 等	响应面法优化新疆纸皮核桃分心木中总黄酮提取工艺	食品工业	阿克苏地区疾病预防控制中心；塔里木大学食品科学与工程学院	2023.9
37	闫圣坤、杨嘉鹏、万文瑜 等	脱脂核桃粕挤压膨化制备膳食营养粉加工工艺的研究	中国粮油学报	新疆农业科学院农业机械化研究所	2023.1
38	付超、白冰瑶、王辉 等	榨油温度对核桃饼粕的色泽、香气、味道及基础营养成分的影响研究	塔里木大学学报	塔里木大学食品科学与工程学院	2023.12
39	王苹、孔娜、潘俨 等	ClO_2熏蒸处理对湿鲜核桃贮藏效果的影响	新疆农业科学	新疆农业大学食品科学与药学学院	2023.8
40	丁真真、夏娜、刘艳全 等	两种天然保鲜剂对气调包装青皮核桃贮藏期品质的影响	食品安全质量检测学报	喀什大学生命与地理科学学院	2023.1
41	孙席平、孔娜、许铭强 等	低压静磁场处理对鲜食核桃解冻效果及货架期品质的影响	新疆农业科学	新疆农业大学食品科学与药学学院	2023.6
42	李保祥、马鑫、谢思旎 等	壳聚糖-肉桂精油复合涂膜的制备及其对核桃贮藏品质的影响	包装工程	新疆农业大学食品科学与药学学院	2023.5
43	王园梦、白羽嘉、冯作山 等	含水量对新疆鲜食核桃贮藏期黄曲霉生长及黄曲霉毒素M1积累的影响	食品与机械	新疆农业大学食品科学与药学学院	2023.4
44	付晓、晏千茜、田树革 等	维药核桃青皮的生药学研究	化学与生物工程	新疆医科大学中医学院	2023.7
45	吴玉双、杨倩、黄淑迪 等	核桃过敏原成分PCR方法的建立	农产品加工	石河子大学食品学院	2023.5

序号	作者	题目	期刊	第一作者单位	发表时间
46	路振康、吴庆智、张建 等	核桃青皮中胡桃醌对大肠杆菌的抗菌作用及机制	食品科学	石河子大学食品学院	2023.4
47	李龙、曾勇、满晓兰 等	冲击条件下核桃损伤断裂特性尺寸效应研究	中国农机化学报	塔里木大学机械电气化工程学院	2023.10
48	惠晶、哈园园	天然石榴皮籽和核桃青皮染液的稳定性研究	化纤与纺织技术	新疆应用职业技术学院	2023.1
49	王应梅、王艳壮、李莹杰 等	核桃树叶基质化的酸碱前处理与发酵工艺研究	中国农业科技导报	塔里木大学园艺与林学学院	2023.10
50	卢胜男、王龙杰、王龙 等	新疆南疆典型农业残余物生物炭制备及其对亚甲基蓝的吸附研究	塔里木大学学报	塔里木大学机械电气化工程学院	2023.6

2. 英文论文

2023年南疆核桃领域相关英文论文

序号	作者	题目	期刊	单位	发表时间
1	Jiao Bo, Wu Bicong, Fu Weiming, et al.	Effect of roasting and high-pressure homogenization on texture, rheology, and microstructure of walnut yogurt.	Food Chemistry: X	中国农业科学院；青岛农业大学；新疆大学	2023.12
2	Han Bowen, Su Gege, Zeng Yong, et al.	FDEM investigation on the crack propagation characteristics of walnut shell under multi-contact loadings.	Frontiers in Materials	塔里木大学	2023.10
3	Zhang Yongcheng, Wang Xingyu, Liu Yang, et al.	Machine Vision-Based Chinese Walnut Shell-Kernel Recognition and Separation.	Applied Sciences	塔里木大学	2023.9

序号	作者	题目	期刊	单位	发表时间
4	Zhao Yuxuan,He Weiheng, Zhao Sihan, et al.	Advanced Insights into Walnut Protein: Structure, Physiochemical Properties and Applications.	Foods	中国农业大学；新疆林业科学院；新疆农业大学	2023.9
5	Li Xuerong, Wang Xiyong, Cui Zhijun, et al.	Development of Polymorphic Microsatellite Markers and Identification of Applications for Wild Walnut (Juglans regia L.) in Middle Asia.	Diversity	新疆农业大学；中国科学院	2023.10
6	Zhang Cuifang, Hao Honglong, Wang Shiwei, et al.	Characteristics of Photoassimilares in Walnut Leaves and Their Transport to Fruit.	Erwerbs–Obstbau	新疆农业大学	2023.1
7	Zhang Hui, Ji Shuai, Shao Mingming, et al.	Non–destructive Internal Defect Detection of In–Shell Walnuts by X–ray Technology Based on Improved Faster R–CNN.	Applied Sciences	新疆大学	2023.6
8	Wang Zhijuan, Zhou Huajing, Liu Zilian, et al.	Walnut–shaped calcium oxide–cancrinite spheres for transesterification of waste frying oil.	Renewable Energy	昆明理工大学；新疆大学	2023.5
9	Sun Lina, Qi Yanlong, Meng Meng, et al.	Comparative Study on the Volatile Organic Compounds and Characteristic Flavor Fingerprints of Five Varieties of Walnut Oil in Northwest China Using Using Headspace Gas Chromatography–Ion Mobility Spectrometry.	Molecules	新疆农业科学院	2023.3
10	Liu Lixiang, Wu Zhaofeng, Sun Qihua, et al.	Preparation of Carbon Material Derived from Walnut Shell and Its Gas–Sensing Properties.	Journal of Electronic Materials	新疆大学	2023.2

续表

序号	作者	题目	期刊	单位	发表时间
11	Li Hao, Tang Yurong, Zhang Hong, et al.	Technological parameter optimization for walnut shell-kernel winnowing device based on neural network.	Frontiers in Bioengineering and Biotechnology	塔里木大学	2023.2
12	Xu Shasha, Zhang Rui, Sun Deying, et al.	First report of Cytospora tritici causing branch canker on English walnut in China.	Journal of Plant Pathology	塔里木大学	2023.1
13	Li Huankang, Han Jiajia, Zhao Zhongkai, et al.	Roasting treatments affect oil extraction rate, fatty acids, oxidative stability, antioxidant activity, and flavor of walnut oil.	Frontiers in Nutrition	石河子大学；新疆大学	2023.1

（四）授权发明专利

2023年南疆核桃产业相关专利成果

序号	名称	专利号	申请人	授权日期
1	一种基于挤压法破壳法的核桃壳仁分离设备	CN202210926307.9	塔里木大学	2023.12.12
2	核桃捡拾机	CN202321765363.5	新疆农业科学院农业机械化研究所	2023.12.12
3	一种核桃壳仁分离设备	CN202321258503.X	新疆农业大学；新疆农业科学院农业机械化研究所	2023.12.8
4	一种降低藻源DHA富集鹌鹑蛋鱼腥味的饲料添加剂	CN202210482625.0	塔里木大学	2023.9.22
5	一种核桃蛋白多糖复合油胶	CN202011271086.3	新疆农业科学院农业机械化研究所	2023.9.12
6	一种基于磨削—挤压协同作用的核桃破壳取仁方法和装置	CN202111676272.X	塔里木大学	2023.8.4
7	一种氮化铁和氮共掺杂的碳材料制备方法及用途	CN202011216511.9	中国科学院新疆理化技术研究所	2023.7.25

续表

序号	名称	专利号	申请人	授权日期
8	一种快速鉴定核桃黑斑蚜的试剂盒及方法	CN201911049916.5	新疆农业科学院植物保护研究所	2023.7.14
9	一种核桃油低脂乳液凝胶及制备方法	CN202010903636.2	新疆塔格拉克生态农业有限公司	2023.6.16
10	一种蛋白强化Q弹切糕及其制备方法	CN202010198291.5	新疆农业科学院农产品贮藏加工研究所	2023.2.28

（五）授权核桃新品种

近3年授权南疆核桃新品种

序号	品种名称	品种权号	品种权人	授权日期	培育人
1	'新雄'核桃	20230770	新疆林业科学院	2023.12.29	王宝庆, 徐业勇, 虎海防, 李明昆, 李宏
2	'新和1号'核桃	20210488	新疆林业科学院	2021.10.21	王宝庆, 徐业勇, 张志刚, 虎海防, 李明昆, 买买提托合提·艾合买提, 力提甫·艾合买提, 努尔曼·卡的, 李宏
3	'墨宝'核桃	20210539	新疆林科院经济林研究所	2021.10.21	黄闽敏, 张强, 宁万军, 李丕军, 李西萍
4	'新辉'核桃	20210540	新疆林科院经济林研究所	2021.10.21	黄闽敏, 张强, 宁万军, 李丕军, 李西萍
5	'新盛'核桃	20210541	新疆林科院经济林研究所	2021.10.21	张强, 黄闽敏, 宁万军, 李丕军, 李西萍

五、重要活动

（一）新疆33家企业参加2023中国森林产品交易博览会（杭州站）

2023年5月26日，中国森林产品交易博览会（杭州站）在浙江省杭州市武林之星博览中心开幕。新疆展团以"美丽新疆　林果飘香""新疆是个好地方"为主题，精选核桃等名优特林果产品及核桃乳、核桃油等精深加工产品总计13大类100余种产品参加展销。旨在通过展示展销，助力新疆林果产品拓宽江浙市场，进一步提升在江浙市场的品牌影响力。

（二）首届"中国乡村特色优势产业发展峰会"在京举办

2023年6月10—12日，首届"中国乡村特色优势产业发展峰会"在北京举办。峰会由国家乡村振兴局、国家林业和草原局指导，中国乡村发展志愿服务促进会主办。期间共举办了金融帮扶、科技帮扶、消费帮扶3个综合论坛，以及核桃、南疆核桃等7个产业发展论坛。主办方发布了《中国乡村特色优势产业发展蓝皮书（2022）》系列丛书，包括核桃产业分册和南疆核桃产业分册。峰会同步举办了乡村特色优势产品展销会，来自全国31个省（区、市）的近400家企业带来了包括核桃在内的2300多种特色优势产品。

（三）2023年龙头企业进新疆对接活动在新疆喀什举办

2023年6月16—17日，农业农村部乡村产业发展司在新疆喀什地区举办龙头企业进新疆对接活动，来自12个省份的100多家龙头企业负责人和新疆各级政府部门、相关龙头企业进行了深入对接交流，洽谈采购和投资合作事宜。代表们在喀什地区进行详细考察，了解核桃等南疆优势特色产业发展情况；阿克苏地区、喀什地区、和田地区、克州以及新疆生产建设兵团相关师市分别围绕当地优势特色产业、招商政策、重点项目、营商环境等作重点推介，并现场展示新疆特色农产品。

（四）"中国核桃产业高质量发展研讨会暨2023年度核桃产业国家创新联盟年会"

"中国核桃产业高质量发展研讨会暨2023年度核桃产业国家创新联盟年会"于2023年8月12—13日在新疆阿克苏召开。近百位来自全国各地的核桃产业专家、学者、企业家，通过核桃产业高质量发展对话以及实地参观阿克苏核桃全产业链发展等方式，共同研讨中国核桃产业高质量发展面临的新机遇和新挑战。

研讨会上，核桃产业国家创新联盟为阿克苏市"中国核桃商品果基地"授牌；核桃产业国家创新联盟与阿克苏市人民政府签订《核桃高质量发展战略合作协议》；各地专家学者们就核桃产业高质量发展的关键问题进行了深入探讨，分析了全国核桃产业发展情况，解析了核桃产业的发展趋势和技术创新，为全面推进乡村振兴和建设农业强国提供了科技支撑。

（五）2023新疆网络文化节——温宿县"六个核桃·新疆阿克苏温宿核桃丰收节"隆重开幕

2023年8月23日，由"六个核桃"联合温宿县人民政府共同举办的"六个核桃·新疆阿克苏温宿核桃丰收节"在温宿镇金华新村方宿林果文化主题村隆重开幕。期间，"六个核桃"与温宿柯柯牙农发集团签署"乡村振兴助农合作战略协议"，与新疆宇通农业科技有限公司签署核桃青果采购意向书。参观完温宿特色产品展销区后，与会领导、企业家代表、林果专家等参加核桃开秆仪式和采购发车仪式，标志着"六个核桃"与温宿在2023年的金秋联手合作、共赢未来。

（六）2023年中国核桃之乡——新疆喀什·叶城"核桃丰收节"

2023年8月25日，由中共叶城县委办公室、叶城县人民政府办公室主办的"2023年中国新疆喀什·叶城核桃丰收节系列活动"在叶城县核桃七仙园盛大开幕。此次文化节活动采用了"现场+网红直播+产品展销"的宣传方式，现场的核桃及核桃加工产品琳琅满目。本次活动集中展示了叶城核桃的产业现状、加工产品以及"叶城核桃地理标志农产品保护工程项目"的建设成果。目前，叶城全县已形成64.2万亩的核桃种植规模，年产量达15万吨，产值超20亿元。

（七）新疆优质特色果品亮相2023亚洲国际果蔬展

2023年9月6—8日，第16届香港亚洲国际果蔬展览会（ASIA FRUIT LOGISTICA）在香港亚洲博览馆举行。新疆供销合作社组团携"果叔""西域果园"和"阿凡提"等品牌参加本次展会，现场重点展示了纸皮核桃等自有品牌产品，吸引了众多参展商与合作伙伴、客户的关注。

（八）第三届中国新疆特色林果产品博览会

2023年11月10日，第三届中国新疆特色林果产品博览会在广州市开幕。博览会为期3天，主题为"美丽新疆、林果飘香"。新疆特色林果产品（广州）博览会是国家林业重点展会之一，已成为扩大新疆特色林果华南市场、为广大珠三角地区消费者提供优质林果产品的重要展会。本届博览会上，新疆地区近500家企业及采购商携包括核桃在内的50类、800余种特色干鲜果品及其精深加工产品参展，签约仪式现场签约额共计9.47亿元。

（九）2023新疆名优特农产品上海交易会

2023年12月8日，2023新疆名优特农产品上海交易会盛大开幕，喀什地区携34家企业，200余种商品集中亮相，泽普县、叶城县核桃产品登陆上海，喀什地区行署副专员、上海援疆前方指挥部副总指挥王陈在开幕式活动上作喀什四县核桃等农产品的推介。

六、社会影响

（一）新疆7个农业优势特色产业集群产值均超百亿元（中华人民共和国农业农村部）

新疆立足打造全国优质农牧产品重要供给基地的战略定位，以产业集群建设为抓手，加快构建"产加销"贯通、农文旅融合的现代乡村产业体系。2020年，新疆温宿县、新疆阿克苏市、新疆乌什县、新疆新和县、新疆叶城县、新疆和田县和新疆墨玉县被农业农村部、财政部列为新疆薄皮核桃产业集群建设项目7个产业优势区。3年来，在中央财政奖补资金的撬动下，7县（市）围绕薄皮核桃标准化生产基地建设、仓储保鲜、农产品加工流通、品牌建设、市场开拓、农旅融合等全产业链环节，建立联农带农利益联结机制，贯通"产加销"，全产业链发力，推动每个产业集群年产值突破百亿元。

（二）叶城核桃栽培系统入选第七批中国重要农业文化遗产名单

2023年9月15日，农业农村部发布《关于公布第七批中国重要农业文化遗产名单的通知》，其中，新疆叶城核桃栽培系统入选。叶城县是全国核桃种植面积最大的县之一，是"中国核桃之乡"，已初步形成了"区域化布局、规模化发展、标准化生产、集约化经营、产业化开发、品牌化营销"的格局。叶城县有2000多年的核桃栽培历史，年产量达15万吨以上，认证有机核桃10万亩，认定绿色A级核桃食品40%以上。叶城核桃先后荣获"第三批全国名特优秀农产品""第四批国家地理标志农产品保护工程"等多个"国字号"荣誉。

（三）中央财政奖补资金"四两拨千斤"，产业集群助力薄皮核桃产业带

自2020年起，农业农村部、财政部开展优势特色产业集群建设，新疆依托丰富的农业资源优势和产业基础，成功申报并创建薄皮核桃等六个优势特色产业集群。2022年，中央财政支持新疆薄皮核桃产业集群的奖补资金为0.5亿元，用于支持规模生产基地标准化生产水平提升，农产品初加工、深加工和物流设施设备建设，农业全产业链数字化建设，市场品牌体系和公共服务平台建设等方面。3年来，在中央财政奖补资金的支持下，带动了一大批农业产业化龙头企业、农民专业合作社等各类经营主体、科研机构、社会团体共同参与。7个县（市）形成了薄皮核桃产业带，全产业链发展模式日益成熟，联农带农利益联结机制更加完善，产业集群实现了高质量发展。

（四）南疆核桃全产业链体系逐步形成

从干果到原料，薄皮核桃产业集群的建设不断向构建现代化产业体系拓展。加工企业从核桃青皮中提取单宁，用作化工原料；核桃壳被加工成活性炭，成为石油生产中的堵漏剂；核桃分心木被加工成了保健茶；以核桃仁为主辅料的即食食品、饮料、糕点有20多种；核桃树每年修枝后废弃的树枝，被加工成了合成板。核桃加工真正实现了"吃干榨净"。核桃产业加工能力得到极大的提升，表现在：新建及升级改造核桃初加工中心、仓储保鲜库、精深加工项目等，产业链不断延长，含金量不断提高。

（五）薄皮核桃产业成为推动农业产业化的重要抓手

新疆薄皮核桃产业集群建设项目7个产业优势区中有4个县（市）属于新疆阿克苏地区。目前，新疆阿克苏地区核桃种植面积达248.2万亩，年产54万吨以上。优良的品质、多样化的产品、畅通的销路，为新疆薄皮核桃产业集群的发展打开了风口。如今，产业集群带动效应凸显，南疆众多县（市）把发展薄皮核桃产业作为推动农业产业化的重要抓手，一大批农民靠核桃产业实现了增收致富。

参考文献

[1] 曹亚龙：《新时期我国核桃产业发展现状、问题及对策》，河南农业大学，2022年硕士学位论文。

[2] 陈婷、岩蓉、任娟：《核桃蛋白的发展现状及前景探讨》，《食品安全导刊》2018年第18期，第125页。

[3] 陈小飞、张锐、金强：《和田地区核桃"三病三虫"的危害特点及综合防控技术》，《现代农业科技》2021年第10期，第105—106、108页。

[4] 崔俊江：《现代农业产业技术体系创新团队建设项目绩效评价指标体系构建》，《财政监督》2023年第17期，第20—23页。

[5] 丁文文、张锐、武鹏雨等：《'新温185'核桃茎段快繁技术体系的优化》，《分子植物育种》，网络首发，第1—24页。

[6] 谷润润、孙宇杰、刘士真等：《振动式核桃采摘机关键部件设计与分析》，《南方农机》2024年第55卷第4期，第29—31页。

[7] 郝金莲、王如月、罗莎莎等：《采收期对叶城县6个核桃品种品质影响初探》，《核农学报》2023年第37卷第3期，第649—659页。

[8] 胡东宇、高健、黄力平等：《南疆四地州核桃产业现状与发展思路》，《北方园艺》2021年第13期，第148—154页。

[9] 胡东宇、高健、黄力平等：《南疆四地州核桃产业现状与发展思路》，《北方园艺》2021年第13期，第148—154页。

[10] 黄雯倩、曾婕、余元善等：《核桃蛋白的研究进展》，《现代食品》2023年第29卷第23期，第23—28页。

[11] 李亚：《引领核桃产业打造卓越品牌——养元智汇饮品股份有限公司》，《公关世界》2020年第13期，第90—91页。

[12] 罗宇年、田英姿、英犁等：《新疆主栽核桃品种的营养品质评价》，《现代食品科技》2014年第30卷第1期，第258—261、286页。

[13] 马开创：《核桃蛋白和多肽制备及功能性研究》，武汉轻工大学，2020年硕士学位论文。

[14] 孟新涛、许铭强、张婷等：《基于GC-IMS技术分析新疆不同品种核桃油挥发性物质的差异》，《中国油脂》，网络首发，第1—15页。

[15] 裴昊铭：《核桃内源性蛋白酶的组成、水解蛋白条件及其在核桃加工中的运用》，江南大学，2021年硕士学位论文。

[16] 宋岩、王小红、张锐等：《新疆核桃品种间品质差异比较》，《中国粮油学报》2019年第34卷第1期，第91—97页。

[17] 苏彦苹、赵爽、王明等：《8个新疆早实核桃优株坚果品质变异分析及综合评价》，《河北农业大学学报》2016年第39卷第1期，第31—36页。

[18] 王建友、刘凤兰、毛金梅等：《采摘期对新疆3个品种核桃品质的影响》，《食品与机械》2016年第32卷第3期，第145—148页。

[19] 王静、魏九玲、刘培培等：《我国成年居民坚果摄入量评价及其影响因素分析》，《中国食物与营养》2024年，网络首发，第1—8页。

[20] 王真真、坎杂、付威等：《树冠振动式核桃采收装置的设计与分析》，《农机化研究》2016年第38卷第8期，第56—59页。

[21] 吴玉蓉：《新疆图木舒克核桃早果丰产栽培技术》，《果树实用技术与信息》2016年第6期，第15—16页。

[22] 新疆维吾尔自治区统计局、国家统计局新疆调查总队：《新疆统计年鉴》，中国统计出版社2022年版。

[23] 杨骞、刘鑫鹏、孙淑惠等：《中国科技创新效率的时空格局及收敛性检验》，《数量经济技术经济研究》2021年第38卷第12期，第105—123页。

[24] 杨歆萌：《高品质核桃蛋白的制备研究》，武汉轻工大学，2021年硕士学位论文。

[25] 杨秀丽：《温宿县核桃育苗技术》，《农村科技》2014年第10期，第55—56页。

[26] 杨忠强：《卧式青核桃脱皮机的设计与试验研究》，新疆农业大学，2021年硕士学位论文。

[27] 张诚、刘毅、蒋小林：《和田地区核桃丰产栽培技术》，《现代农业科技》2021年第5期，第69—70页。

[28] 张艳、杨钰蓉、赖晓敏等：《中国不同类型农业科技成果产出的时空差异与影响因素分析》，《世界农业》2023年第1期，第77—88页。

[29] 中国乡村发展志愿服务促进会组织编写：《中国核桃产业发展蓝皮书》，研究出版社2022年版。

[30] 中国乡村发展志愿服务促进会组织编写：《中国南疆核桃产业发展蓝皮书》，研究出版社2022年版。

[31] 赵振坤、邓凤彬、张锐等：《基于坚果表型性状的新疆栽培核桃种质资源多样性研究与比较》，《塔里木大学学报》2021年第33卷第1期，第20—27页。

[32] 周煜凡、冯疆涛、白冰瑶等：《响应面法优化新疆纸皮核桃分心木中总黄酮提取工艺》，《食品工业》2023年第44卷第9期，第40—45页。

[33] 朱红祥、温黎军、卢海燕等：《新疆阿克苏核桃产业发展存在的问题及解决措施》，《果树实用技术与信息》2017年第4期，第38—40页。

[34] 朱红祥：《新疆阿克苏核桃果实生长特性与栽培管理技术》，《果树实用技术与信息》2019年第2期，第10—12页。

[35] 朱占江、裴新民、李源等：《新疆林果业机械化发展现状调研与对策研究》，《中国农机化学报》2017年第38卷第4期，第134—140页。

后　记

　　《中国南疆核桃产业发展蓝皮书（2023）》是中国乡村发展志愿服务促进会（以下简称"促进会"）组织编写的乡村振兴特色优势产业培育工程丛书之一，是促进会在《中国南疆核桃产业发展蓝皮书（2022）》基础上重点聚焦2023年我国南疆地区核桃产业发展动态撰写的第二本关于南疆核桃产业发展的蓝皮书。按照促进会的总体部署，由北京市农林科学院联合中国农科院农产品加工研究所、中国林科院林业研究所、新疆农科院、新疆林科院、新疆农业大学、塔里木大学、石河子大学、和田地区林草局、北京林业大学、喀什疆果果农业科技有限公司的相关专家、企业家共同组成编委会，通过编写组成员通力合作、深入调研、查阅文献、企业座谈、数据分析，共同完成初稿的撰写。该书初稿又经促进会统一组织的专家初审会和专家评审会评审后，结合专家评审意见和建议，经反复修改完善，最终成书。

　　《中国南疆核桃产业发展蓝皮书（2023）》根据中国科学院闵庆文研究员的总体撰写提纲，由北京市农林科学院陈永浩副研究员设计撰写方案、全程跟进各章撰写并进行全文统稿，杨莉玲、毛晓英、虎海防、王世伟、张锐、齐建勋对本蓝皮书各章节进行细化汇总。本书撰写得到国际食品科学院院士王强研究员的指导和大力支持，由编委会顾问闵庆文审核。

　　本书撰写人员具体分工如下：

绪　论　王　强（国际食品科学院院士、中国农科院农产品加工研究所研究员）；

第一章　张　锐（塔里木大学植物科学学院教授）

　　　　孙俪娜（新疆农科院农机化所正高级工程师）

　　　　杨忠强（新疆农科院农机化所研究员）

高敬铭（喀什疆果果农业科技有限公司副总经理）；

第二章　杨莉玲（新疆农科院农机化所研究员）

宋晓波（中国林科院林业研究所副研究员）

白永超（中国林科院林业研究所助理研究员）；

第三章　王世伟（新疆农业大学林学与风景园林学院教授）

韩立群（新疆农科院园艺作物研究所副研究员）

李明昆（新疆和田地区林草局高级工程师）

张翠芳（新疆农业大学林学与风景园林学院副教授）

李亚兰（新疆农业大学林学与风景园林学院讲师）；

第四章　陈永浩（北京市农林科学院林业果树研究所副研究员）

裴函哲（北京林业大学生物科学与技术学院硕士研究生）；

第五章　毛晓英（石河子大学食品学院教授）

周　晖（中国林科院林业研究所副研究员）；

第六章　虎海防（新疆林科院园林绿化研究所研究员）

崔宽波（新疆农科院农机化所研究员），李明昆，陈永浩；

第七章　齐建勋（北京市农林科学院林业果树研究所副研究员）

陈永浩；

附　录　张赟齐（北京市农林科学院林业果树研究所助理研究员）。

本书在数据采集、调研等工作中，得到"十四五"国家重点研发计划项目（2023YFD2201300）、新疆维吾尔自治区重点研发计划项目（2022B02048、2021B02004）、新疆维吾尔自治区重大科技专项（2022A02004）、新疆维吾尔自治区2024年"天山英才"培养计划（2023TSYCCX0016）、新疆生产建设兵团科技创新人才计划项目（2023CB009-05）、"五共同一促进"计划项目"数字化核桃示范区建设"等项目的支持。

在中国乡村发展志愿服务促进会的全程指导和推动下，《中国南疆核桃产业发展蓝皮书（2023）》编写工作顺利完成。在此向蓝皮书统筹规划、篇章写作和参与评审的专家们表示感谢！正是由于大家的辛勤努力和付出，保证了本书能够顺利出版。同时,感谢中国出版集团研究出版社对本书给予高度重视和热情支持,在时间紧、任务重、要求高的情况下,为本书的出版付出了大量的精力和心血。感谢所有被本书引用和参考过的文献作者,是你们的研究成果为本书提供了参考和借鉴。

由于编写时间短、内容信息量大,本书仍存在一些不足和有待改进、完善之处,真诚欢迎专家学者和广大读者批评指正。

本书编写组
2024年5月